Re-Light Buchbewegung

leben & lieben

Autor: Ilse Elisa Dorandt und Andere
Im Sinne der Re-Light Form

Copyright: Re-Light Form GmbH
Postfach 400 422 - 50834 Köln

Lieferadresse: Re-Light Form GmbH
Postfach 400 422 - 50834 Köln
Tel. 02 21 - 48 77 60 / 4 84 48 02
Fax 02 21 - 48 89 00

Internet: www.re-light-form.de
e-Mail: info@re-light-form.de

ISBN 3-00-006727-2

- Lebendiges lesen -

Dieses Buch ist nach einer spezifischen Art geschrieben und spricht direkt mit Ihrer emotionalen Datenbank.

Lassen Sie sich von den folgenden Seiten inspirieren.

Lesen Sie einmal das gesamte Buch, damit die Neugier gestillt ist.

Dann lesen Sie immer wieder, was Sie am meisten erfreut, erschüttert, ärgert oder was Sie nicht wahr haben wollen.

Der Sinn dieser Erzählungen ist, daß Sie bereits jetzt Ihre Emotionen bewußt erleben.

Nutzen Sie diese Schwingungsfrequenz und erlauben Sie sich, Ihre verdrängten Emotionen einmal erleben.

Alles was Sie beim Lesen erleben, sind Ihre eigenen Emotionen, die Erzählungen sind nur die Erinnerung daran.

Auf diese Art und Weise lesen Sie dieses Buch immer wieder fürs Erinnern der eigenen Emotionen, die ja so wie so gespeichert sind.

Für die Klärung brauchen Sie das Re-Light Handwerk.

Achten Sie die Re-Light Re-echtschreibung!

Die Macht der Liebe

Als ich O. das erste Mal sehe, empfinde ich ihn sofort als toll. Ein großer schöner Mann, nicht gewöhnlich, so anziehend, interessant, impulsiv.

Er ist etwas Besonderes. So etwas Spezielles. Wir sehen uns jeden Tag im Studium und jeder hat einen anderen Partner.

Eines Tages stehen wir vor einer Anatomie-Prüfung und dieser tolle, hochintelligente Mann ist vor Angst gelähmt.

Oh Gott ... ich bin erschüttert, wie ist das möglich? Er zeigt sich ein einziges Mal verletzbar und das zerstört in dieser Sekunde mein Bild, meine Projektion, mein Idol und zerschmettert meine Vorstellung. Ich springe voll in seine Angst und mache ihn nieder. In dieser Sekunde fühle ich mich ihm gegenüber mächtig. Und ich fühle mich mit meinen 1,57 groß und stark.

Er besteht die Prüfung und freut sich.

Ich habe den Beweis für meine Macht!

So geht das also: Ich suche mir einen Schwachpunkt im Menschen und helfe, damit ich MICH mächtig und stark fühle. Damit ist die Initialzündung für meine Droge HELFEN gelegt und das mildert meinen mangelnden Selbstwert.

Einige Zeit später fällt er durchs zweite Propädeutikum, weil er lieber seiner Freundin hilft und selber nicht lernt.

Das schämt ihn so sehr, daß ich ihn über ein Jahr nicht sehe.

Ich habe meine Freundschaften immer als Ausweg benutzt, um aus meinem Elternhaus heraus-zu-kommen.

Eines Tages fahre ich nach Hause und sehe in den Augen meines Vaters, daß etwas Schreckliches passiert ist. Meine Eltern sind beide als Arzt tätig und mein Vater hatte gerade meine Mutter reanimiert und auf die Intensivstation bringen lassen. Jetzt fühle ich mich total schuldig, daß ich in diesem Moment nicht bei meiner Mutter war. Obwohl ich weiß, daß meine Eltern eine Rosenkrieg-Ehe führen, fühle ich mich schuldig, weil ich nicht helfen kann. Da ich meinem Vater nicht traue, fahre ich ins Krankenhaus und sehe was los ist.

Nach diesem Schock und der Krebs-Diagnose ist mir klar, daß ich mein Studium unterbreche und nur noch für meine Mutter da bin. In dieser Zeit ist O. immer für mich da. Wir verloben uns und ich erlebe mit seinen Eltern eine neue liebevolle Familie.

Schon kurze Zeit später stirbt meine Mutter und ich fühle den Verlust in einer tiefen, schmerzlichen Wunde sowie eine unmäßige Wut auf meinen Vater, den ich als ihren Mörder sehe.

Ich gehe nach Zürich und arbeite in einem Spital, um Geld verdienen. In diesem elendigen Verlassensein erlebe ich meine Selbständigkeit.

Ich beende mein Medizin-Studium, lerne viel mit O. und in der Prüfung ereifern wir uns im Konkurrenzkampf.

Komisch wie das läuft: Wenn wir gleich stark sind - gleiche Ebene haben -, beginnen wir den Konkurrenzkampf. Wenn einer schwach ist, zieht der andere noch mehr an seiner Schwäche, damit er die Macht des Helfens hat. Und dieses tückische Machtspiel nennen wir auch noch LIEBE.

- In guten und in schlechten Zeiten - beides aus dem Defizit.

Nach der Prüfung hat O. direkt eine Stellung im Spital, die ihn sehr fordert. Ich habe ein halbes Jahr Zeit und will ganz viel mit ihm machen. Dabei gehe ich ihm auf die Nerven, weil er ja so angespannt ist.

Dann fahre ich mit meinem Vater nach Spanien und dort bekommt er einen epileptischen Anfall. Wir fahren notfallmäßig nach O. ins Spital. Dieser ist nicht auffindbar und ich finde heraus, daß er eine Freundin hat. Daraufhin entloben wir uns. Ich stürze mich in meine Trauer und werde krank. Allmählich wird mir bewußt, daß ich mein Leben für mich in die Hand nehmen muß. Ich buche eine Reise nach Griechenland, kaufe mir schöne Kleider, ein Auto und beginne meine Arbeit. Ich verabrede mich mit O., will ihm zeigen, wie gut es mir auch ohne ihn geht, um ihm Adieu sagen. Gerade jetzt, wo ich mich innerlich von O. gelöst habe, umgarnt und hofiert er mich wieder.

Ich bleibe bei ihm und uns beiden ist jetzt klar, daß wir heyraten. Durch unseren Ehrgeiz und unsere Arbeitswut in unterschiedlichen Schichtdiensten haben wir nur wenig Zeit miteinander. Wir bewegen beruflich beide Enormes und emotional laugen wir uns immer mehr aus. Jeder fühlt sich leer.

Die aufkommende Leere füllen wir mit unserer Tochter und haben wahnsinnige Freude.

Ich gehe nach 12 Wochen Mutterschaftsurlaub wieder meiner Ausbildung nach und oszilliere zwischen Skylla und Charybdis.

Weder daheim noch im Beruf gereiche ich!

Ich werde immer müder und unzufriedener. In meiner schön gedachten Familie herrscht das Chaos. Einmal komme ich aus der Klinik: Die Kinderfrau ist schwanger und liegt erbrechend auf dem Sofa, meine Tochter hat das Dreitagefieber, mein Hund ist halbseitengelähmt und der gerufene Bruder kann wegen einer Stimmbandoperation nicht sprechen ...
und O. ist in Chicago!

Eben der ganz normale, alltägliche Wahnsinn!

Ich weiß tagelang nicht wo mir der Kopf steht. Ich habe das Gefühl, daß ich nirgends vollwertig bin und werde nie fertig - mit keiner Sache.

Die Kündigung meiner Arbeit hat mich sehr befreit und wenige Wochen später falle ich in ein unausgefülltes psychisches Loch! Damit mein Entzug der -Anerkennung- wieder Stoff bekommt, nehme ich eine Prozentarbeit in der Forschung an.

Jetzt erlebe ich eine sehr schöne Zeit, kann viele neue Techniken, Gedankenmuster der Wissenschaft lernen, schreibe meine Doktorarbeit und habe auch noch genügend Zeit für O. und unsere Tochter.

Ich gestalte unsere Wohnung und genieße mich als Forscherin und Hausfrau. Jetzt habe ich Zeit und den Wunsch nach einem zweiten Kind. Damit O. in der Karriereleiter weiterkommt, braucht er einen Forschungsaufenthalt in Amerika. Ich m a c h e und produziere die Forschungsdaten, die wir-r für die Eingabe eines Forschungsgesuches für Amerika benötigen. Mein Mann operiert Tag und Nacht und hat dafür keine Zeit. Wir klären unsere sozialen Belange, insbesondere die Krankenversicherung, die eine weltweite Deckung für Amerika verlangt. Dabei vereinbaren wir, daß wir alle bei ernsthafter Erkrankung eines Familienmitgliedes direkt wieder in die Schweiz ziehen.

Das Forschungsstipendium wird m i r gegeben, obwohl es für O. gedacht war. Ohne, daß ich Karrierepläne hatte, fühle ich mich geschmeichelt, daß w i r r den Forschungsauftrag bekommen haben. Ich jage mich wieder aus meiner Balance, bin hochschwanger, wandere gleichzeitig nach Amerika aus und löse mein geliebtes Wohnnest auf. Nach der langwierigen Geburt unseres Sohnes falle ich in eine Wochenbett-Depression, bin blutarm und habe keine Ahnung wie es weiter geht. Als ich mit dem Baby nach Hause komme, ist die Wohnung halb leer, es wird weiter gepackt und ich habe das Gefühl, mir wird alles genommen.

Jetzt wird mir die Basis geräumt!

Mir wird der Boden unter den Füßen weggezogen!

Jetzt bekomme ich auch noch eine sehr schmerzhafte Brustentzündung und habe viel Mühe bei meinem ü b e r - w i c h t i g e n Stillen, meiner letzten ruhigen Insel.

Ich brauche Ruhe, bin stinksauer auf O., weil wir vor der Ausreise keinen Monat Urlaub in Spanien machen. Da packe ich mein Kind und schreie: „Geht alle weg, alles könnt ihr mir nehmen, nur mein Kind nicht." Nie habe ich STOP gesagt, statt dessen einfach weiter rotiert.

Ich ziehe völlig fertig mit Mann und Kindern nach Amerika.

Todmüde in Amerika angekommen sehen wir ein großes, dreckiges Haus. All unsere Kleider und das Babybett, das ich extra restaurieren ließ, sind auf der Strecke verloren gegangen. Unser neuer Wohnort liegt 1800 Meter hoch und mit meiner Anämie fühle ich mich bleischwer und müde.

Jetzt geht es los: Als erstes suchen wir eine Nanny.
Kein Problem, sagen alle!

Alle, die sich gemeldet haben, waren so katastrophal, daß ich denen nicht einmal meinen Hund anvertraut hätte.

Dann kommt der Hit:

Es meldet sich eine schweizerdeutsch-sprechende Studentin, die als Nanny arbeiten und bei uns wohnen will.

Wir Fremdlinge in diesem Land springen sofort an.

Vertraut in der Fremde haben wir sie mit euphorischer Erleichterung eingestellt. Unsere Tochter Li. geht in die Montessori-Schule, weint dort eine Woche und wir gehen deshalb verspätet an unsere Forschungs-Arbeit. Als wir dort ankommen, sehen wir, daß weder Geld noch Materialien noch Kompetenzen noch irgendeine Voraussetzung für das Forschungsgesuch erfüllt ist. Vielmehr müssen wir erneut Mittel beschaffen, um unsere Forschungsidee verwirklichen können.

Wieder hängen wir in der Schwebe, nur dieses Mal zwischen zwei Kontinenten.

Das Chaos ist mal wieder perfekt: Unser Sohn Y. schläft ein Jahr keine einzige Nacht und will ewig an meiner Brust gestillt werden. O. und ich bekommen keine Ruhe. In der Arbeit erleben wir immer neue Streitereien, keine Perspektiven, keine Unterstützung, gar nichts!

Die einzige, die ihren Weg geht ist Li.

Das Kindermädchen beklaut uns, die Wasserleitungen im Haus brechen bei 27 Grad minus und überfluten unsere Heizung.

Wir ziehen immer noch keine Konsequenzen, ziehen den Kopf weiter ein und sagen, da müssen wir durch. Wir haben alles investiert und auf uns genommen. Versagen geht nicht - unmöglich!

Im zweiten Jahr löst sich endlich der Druck.

Wir können uns in der Sprache besser verständigen. Das soziale Umfeld stimmt und wir gestalten unser eigenes Haus. Langsam zeigen sich Forschungsresultate. Nur mir geht es immer dreckiger.

Ich schlichte die Stimmung auf dem Arbeitsplatz, halte O. den Rücken frei und daheim greife ich ihn mit meiner Unzufriedenheit an. Das kostet mich so viel Energie, daß ich selber völlig abhanden komme und unsere Ehe nicht wieder erkenne.

M i r   r e i c h t s !

Ab heute schläft unser schreiender Sohn im eigenen Bett, und plötzlich ist nachts Ruhe. Die Balance ist wieder hergestellt. Die Forschung läuft, Y. schläft nachts durch und entwickelt sich prächtig. Das Haus ist gemütlich, O. fühlt sich langsam wohl in Amerika und überlegt, ob er auswandert.

In unserer familiären Stabilität stille ich ab und bemerke beim Duschen eine verdickte Platte in der linken Brust.

Da erinnere ich mich an meine Kollegin, die an Brustkrebs erkrankt ist, traue mich aber nicht, nach einer Spezialistenadresse fragen.

Erst als mir der Arm schwer wird und weh tut, reagiere ich und faxe an meine Gynäkologin in der Schweiz. Ich frage sie, was ich tun soll. Sie antwortet mir erst nach zwei Wochen, weil sie selber im Spital liegt. Sie rät mir zur Abklärung, beruhigt mich aber, daß es sicherlich kein Krebs ist, weil meine Konstellation nicht typisch ist.

Ich suche im Telefonbuch nach einem Spezialisten und finde die erfahrenste Ärztin am Platz. Kurz vor Weihnachten gehe ich zum Ultraschall und Biopsie.

Auf der Untersuchungsliege sehe ich eine solide Masse, sowie Lymphknotenpakete.

Da packt mich das schleichende Grauen.

Die Ärztin schickt meine Biopsie ein und meldet die Diagnose, wenn sie da ist. Am 24. Dezember sehe ich unbewußt auf meinem Display die Nummer von dieser Ärztin. Ich rufe instinktiv nicht zurück - ich will Weihnachten feiern.
Am 26.th. kann ich nicht mehr ausweichen und bekomme telefonisch meine Diagnose - Brustkrebs.

"I`ts cancer" sagt sie.

Mir bleibt die Luft weg und ich habe nur noch einen Gedanken - Ich will Heim!

O. weint und ist erstarrt. Ich sehe wie damals seine Ohnmacht und Hilflosigkeit, nur dieses Mal mit meinem Brustkrebs.

Immer wiederholen sich unsere Ohnmacht- Macht-Spiele, nur die Herausforderungen werden massiver und lebens bedrohlicher.

Mit dieser Diagnose traue ich mich endlich dieses Land zu verlassen, wo ich mich keine Sekunde daheim gefühlt habe. Lasse im Labor alles fallen, alles liegen, gehe nach Hause, erzähle meinem Bruder die Diagnose, packe und nehme das nächste Flugzeug.

Ich fliege schockiert, Y. fliegt mit, O. fliegt versteinert, wütend, Li. fliegt ruhig und ganz klein in die "Heim Art."

Auf einmal ist alles diskussionslos klar.

Mit dieser lebensbedrohlichen Diagnose fühle ich mich berechtigt, mich an erste Stelle stellen.

Ich bin jetzt die Wichtigste!

Ich nehme das erste Mal keine Rücksicht auf die Familie. Sie muß mir ohnmächtig folgen!

Sie gehen mit mir d a hin, wo I C H sein will.

Nur für welchen Preis? Wer zahlt den Preis?

Ausgerechnet mit einer Krankheit, die ich immer

als Ohnmacht empfand, übe ich Macht über

meine Liebsten aus.

Ohne Kompromisse, ohne Wenn und Aber.

Jetzt gehe ich in der Schweiz in die Klinik, lasse meine Brust amputieren und mache eine adjuvante Chemo- und Strahlentherapie.

Dabei erlebe ich meine Ohnmacht als Patientin.

In meiner Familie wollen mir alle helfen, weil ich ja jetzt so ein armes krankes Wesen bin. Das stürzt mich sofort wieder aus meiner Macht in die Ohnmacht.

Das geht nur so hin und her.

Ohnmacht Macht - Macht Ohnmacht - Ohnmacht Macht - Macht - Ohnmacht schwingt hin und her, weil es ja die gleiche Schwingungsfrequenz ist. Als Medizin-Programm ist es der Gegenpol, die Frequenz schwingt auf einem Nenner.

Ich halte mit Müh und Not zitternd die Maske der starken Frau und die noch bedeutendere Maske der wissenden "ÄÄÄrztin" obdachlos im Krankenbett fest.

Wir wohnen in der Ferienwohnung meiner Freundin und ich denke mir trotzig noch alles schön. Ich beschäftige mich und meine Umgebung mit "p-r-osi tiefem Denken", damit ich die Trümmer meines Lebens nicht fühlen muß. Und wenn eine Emotion hoch kommt, ersticken wir sie sofort in Wohnungssuche oder anderen Beschäftigungen. Das hat mich noch mehr von meinem Elend abgelenkt.

Das tue ich alles, damit ich weiterhin - auch in schlechten Zeiten - das Rückgrat meiner Familie bleibe. Hauptsache ich sehe das Leid und die Sorgen von O. nicht. Ich will auf keinen Fall, daß er oder die Kinder wegen m i r leiden müssen.

So langsam bekommen wir wieder Ordnung in unser Leben, nur mir geht es körperlich immer schlechter. Im Sommer während unseres Umzugs bin ich auf dem Nullpunkt.

Jetzt geht es nicht mehr weiter, ich kann keinen Schritt mehr tun. Aus und vorbei.

Meine Masken fallen.

Ich liege tagelang im Bett und heule.

O. operiert wieder gerne, Li. hat eine gute Schule gefunden und das Haus macht uns Freude.

Im September arbeite ich weiter in der Krebsforschung, was mein Ego sehr bestätigt.

Im Oktober habe ich Rückenschmerzen und Angst vor Metastasen. Kurz darauf wird mir der Alptraum im Knochenszintigramm bestätigt. Nur drei Monate nach der Chemo dieses Dilemma.

In der Klinik-Halle wird mir selbst als Ä r z t i n diese Niederlage klar. Jetzt bin ich gezwungen, daß ich mir einen unbekannten Weg außerhalb der klassischen Medizin suche. Jetzt weiß ich, daß ich SELBST etwas für meine Heilung beitragen muß.

So finde ich das Buch von Eva Maria Sanders, und nehme sofort Kontakt mit der im Buch beschriebenen Frau auf.

Sie erklärt mir die Re-Light Form, die genau die Selbstbestimmung und Emotionalität beinhaltet, die ich bisher nicht gelebt habe. Endlich ein ganz neuer Weg, der mir L e b e n zeigt. Ich kann das verstandesmäßig nicht fassen. Ich erschrecke über meinen Mut und flehe meinen Mann an, daß er mich für meine Sicherheit auf einen Kurs begleitet.

Dort gerate ich völlig durcheinander, weil Krankheit für mich bisher immer von außen oder durch Gene erzeugt wurde. Hier erkenne ich die einzigartige Methode, daß ich meine Krebscellen erst einmal anerkennen muß, bevor sie sich selbst heilen. Die Annahme, daß ich mir meinen Krebs selber geschaffen habe, ertrage ich kaum. Ja klar, wenn ich mir sicher bin, daß ich mir den Krebs selber geschaffen habe, kann ich ihn auch selber wieder abschaffen. Elisa Dorandt bringt mich in den Kontakt meiner eigenen Körpercellen, die ich dann selber sehe, fühle und wirklicht erlebe. Dieses lebendige prickelnde Gefühl erfüllt mich mit tiefer Freude, die ich vorher nie erlebt habe.

Das nennt sie "lebendige Medizin".

O. sitzt stundenlang vor der Tür und erwartet mich. Er ist erstaunt, wie hell wach mein geschwächter Körper ist. Ich werde von den anderen Kursteilnehmern beneidet, weil ich jedesmal so zärtlich verliebt abgeholt werde.

Elisa lädt O. in den Kurs ein, damit er weiß, was ich hier erlebe. Er ist einige Stunden dabei und reagiert mit heftiger Abwehr, weil er sich mit dieser komplett anderen Art nicht beschmuddeln will. Ich denke, er hat Angst um seinen Machtverlust! Es soll mir helfen und mich gesund machen, mehr interessiert ihn nicht.

Obwohl ich diese lebendige Erfahrung gemacht habe, falle ich immer wieder in den Zweifel, ob ich das daheim auch alleine schaffe.

Meine Schuldgefühle ersticken mich und erlauben L E B E N nicht.

Am letzten Abend geht Elisa mit mir und meinem Mann Abendessen. Am Tisch sagt sie mir: „Was hält Dich denn davon ab es tun?

Was ist denn in Deinem Leben w i c h t i g e r? Erstelle eine Liste und schreibe in der Reihenfolge der Wichtigkeit auf, woraus Dein Leben besteht."

Ich schreibe an erster Stelle den BERUF, dann meinen MANN, dann die KINDER.

Jetzt explodiert O. als emotionale Bombe für eine Sekunde, schießt hoch und verläßt den Tisch. Er ist tief getroffen, beleidigt und gekränkt, daß er nicht an erster Stelle steht.

Das erschreckt mich sehr und da merke ich, wenn ich dieses Handwerk nutze und ganz ehrlich mit mir bin, liegt mein Verrat offen da und ich werde nie mehr in mein altes schön gedachtes, sicheres Eheleben zurück können.

Jetzt sitze ich im Zwiespalt und drehe fast durch.

Mir werden die täglichen Verletzungen sowie meine übergroßen Schuldgefühle bewußt.

Jetzt wo mir meine Lebenslügen klarer sind, sehe ich das Macht-Spiel mit Mann und Krebs.

Ich denke mir, ich muß mich entscheiden zwischen dem wunderbaren lebendigen Handwerk und meinem Mann.

Ich ziehe mich ganz zurück und kläre langsam mit dem Handwerk mein Schuldprogramm.

Es freut mich, daß mein Mann Interesse zeigt und ein Wochenende mit mir nach Köln fährt. Ich habe die Idee, wenn er das Handwerk auch nutzen würde, daß wir alles offenlegen können und somit unsere "unbewußten" Todesspiele nicht länger nötig wären. Aber er schläft auf dem Teppich ein! Abends öffnet er sich, hört sich Elisas Ideen an, er kennt sie selbst und ich bin erstaunt, was ich für einen feinen, sensiblen Mann habe. Als wir nach Hause kommen, packt er das alles wieder zu und lebt lieber seine Notfallhaltung. Jetzt weiß ich, daß ich es SELBST für mich allein tun muß, trotzdem lasse ich mir immer wieder Ausreden einfallen, daß ich es doch nicht tun muß.
Trotz, Trotz, Trotz ...

Dann kann ich mich ja weiter umbringen, wenn nur so ein bißchen Interesse an mir S E L B S T da ist.

Jetzt wird mir das endgültig zu blöd und ich nutze das Handwerk.

Mein Kampf ist nicht mehr nötig, meine Todesangst schwindet, mein ganzer Körper blüht auf und ich fühle LEBEN.

Mit dieser Konsequenz habe ich im Sommer sehr viel Energie. Ich bewege viel, und kann auch meine Körpercellen allein gut wahrnehmen. Mit meinen Kindern habe ich mir eine ganz neue Basis aufgebaut. Spreche bewußt mit meiner siebenjährigen Tochter, die das alles weiß und erkennt.

Die quälende Angst vor dem nächsten Krebs ist weg und ich fühle mich toll.

Voller Lebendigkeit gehe ich an unser nächstes Forschungsgesuch und erarbeite es für O., weil er ja keine Zeit für seine nächste Karriere hat.

Als es fertig abgegeben ist, erkenne ich klar, daß mir dieses Gesuch mal wieder wichtiger war als ich S E L B S T !

Ich erkenne meinen Verrat und rede es mir kleiner, kleiner, kleiner ...

Wochen später zeigen mir das meine nächsten Metastasen, die einen Nerv einengen.

Da weiß ich, ich brauchte mal wieder Anerkennung von O., damit ich meine Schuld abarbeite.

Die Schuld hängt wie Pech an meinen Cellen, an meinen Füßen und nimmt mir meinen Weg!

Wie wenig "einfach Mensch sein", ohne Droge, ohne Anerkennung von außen, ohne Hab und Gut, ohne Karriere doch nur wert ist.

OOOOOH   GOTT, wie lange noch, wie oft noch?

Jetzt ist Schluß, es lohnt nicht! Es reicht!

Der Kampf der Ge-schlechter ist immer tödlich und häuft enormes Leid an!

Keine Schlacht ist so wichtig, daß sie diesen Verrat wert ist.

Wir sprechen von Liebe, und meinen Brauchen!

Wir denken Liebe, wenn die Bedingungen stimmen.

Wir fühlen Liebe, wenn wir Anerkennung oder Lob bekommen.

Wir glauben, wir helfen in Liebe.

*LIEBE DICH SELBST
und Dein Nächster fühlt es.*

Das ist wahre Partnerschaft!

Die Droge - Anerkennung - jeglicher Art von außen wird mich erst abhängig machen und mich je nach Intensität früher oder später töten.

Auge um Auge erblinden die Menschen.

Zahn um Zahn nimmt ihnen die Kraft.

Ich halte es nicht länger aus!

Die Schmerzgrenze ist erreicht ...

Meine Karriere hat mir nicht gereicht... ich brauchte noch mehr Anerkennung...

Ich habe alles gegeben, andere waren immer wichtiger als ich und jetzt ist es für mich z u spät!

Re-Light Form

Egal wie weit unsere Art und Weise auseinander wahr, unsere Gespräche der andersartigen Sicht haben immer den Kern getroffen.

In ihrem Beruf wahr sie brilliant und hat enormes Wissen über Krebscellen geschaffen.

Was nutzt uns die medizinisch nachweisbare Cellteilung oder die tiefen Einblicke in den Cellkern, wenn die Wahrnehmung nicht da ist und somit der Tod Narrenfreiheit hat.

Körpercellen brauchen Cellcommunication, damit die Wahrnehmungsfrequenz der einzelnen Celle schwingt.

PCS

Partnerschafts-Controlling-System

Wir waren vor zwei Jahren schon einmal eineinhalb Monate miteinander. Doch der Funke ist nicht gesprungen. Robi entfachte nur einen Schwelbrand, der eineinhalb Monate flackerte.

Robi ist ein bekifftes Wrack, der sich jedes Wochenende voll dröhnt, damit er sein Leben vergißt. Er hat seinen Vater und seine Mutter mit sieben verloren, seinen Groß-Vater mit dreizehn an Lungenkrebs und sein Lieblingsonkel hat sich vor zwei Jahren in Paris vor den Zug geworfen. Er ist dreiundzwanzig und ich bin sechzehn Jahre. Wir sind beide am dreizehnten Mai in Engelskirchen geboren. Er ist mein erster Freund. Ich bin fasziniert von seinem Alter und seinem beruflichen Erfolg als Starcoiffeur.

Nach kurzer Zeit fallen seine Masken und ich sehe sein unorganisiertes, faules, chaotisches Leben. Warum verschwendet er sich so?

Er ist gar nicht dieser zielstrebige, ehrgeizige, gutaussehende Super-Mann, sondern ein hilfloser, trauernder, verletzter Herzensbrecher.

Seine Freundinnen waren immer status-süchtige, unentdeckte, Möchtegern-Stars.

Er sieht mich das erste Mal auf einer Grillparty. Ich sehe ihn nicht. Später ruft mich meine Freundin an und sagt mir, daß er mich auf der nächsten Party erwartet.

Auf der Freundeskreisparty treffen wir uns und reden. Plötzlich, auf einmal, völlig unerwartet küssen wir uns mitten im Raum zehn Minuten so spektakulär, daß wir alles um uns herum vergessen - alles -!

Abwohl es mein Hollywood-Kuß wahr, ist mein Gefühl nur ein Schwelbrand auf Sparflamme.

In der nächsten Zeit kontrolliere ich ihn und durchsuche seine Defizite und Fehler. Diese sind für mich so offensichtlich, daß ich ihn nach eineinhalb Monaten abfertige. Ich schreibe ihm ein Lied als Brief, weil meine Illusion nicht erfüllt wurde. Ich bin wütend ... enttäuscht ... wäre schon zu viel Gefühl - ich will ihn ändern. Er trägt keine Verantwortung für sich, erhebt aber den Anspruch, mich besitzen. Er zeigt mir sein kontrolliertes Verliebtsein, damit er meine Kontrolle sprengt und ich mich einlassen muß. Seine einzige Macht über mich ist unser Altersunterschied. Warum sagt er mir, daß er mich liebt? So fühle ich mich genötigt, daß ich ihm das auch sagen muß.

ÄÄÄtsch, jetzt sage ich Dir erst recht nicht, daß ich Dich lieben muß.

Er ist verletzt, daß alle, die für ihn verantwortlich sein müßten, einfach nacheinander gestorben sind.

Ich therapiere ihn -ecstasy-iv mit meiner Wahrheit, doch er will meine Wahrheit nicht als Seine sehen. Da er von einer Sechzehnjährigen keine Therapie annimmt und sich nicht ändern läßt, ist meine Macht dahin. Es hat mir nicht weh getan, weil ich mich nie eingelassen habe und meine Gefühle immer gut kontrolliert waren. Zur Strafe entziehe ich ihm auch noch meine letzten kontrollierten Gefühle und schreibe ihm: „Du bist meine Burg, die ich niederbrennen muß.

Du bist meine Unterrichtsstunde, die ich lernen muß. Bevor ich die Drogensucht und den Alkoholkonsum bei mir sehen und wahrhaben muß, brenne ich Dich lieber nieder."

Es reicht mir!

Er steht, wie immer verspätet, vor meiner Wohnungstür, ich mache ihm auf und sage ihm: „Das war es ... ENDE!"

Mit kontrolliertem Gesicht dampft er ab und flucht auf dem Gang: „In Deinem Alter würde ich mein Leben auch nicht verstehen."

Nach kurzer Zeit will ich wissen, was Liebe ist.

Eines Tages sehe ich in der Schule ein neues Gesicht. Er ist der Traummann, mit dem ich vor zwei Jahren zwei Worte auf der Popkomm gesprochen habe.

Es fängt mit sehr guter Freundschaft an. Nach langen Diskussionen und durchdachten Nächten breche ich mit meinem Kontroll-System und lasse mich voll ein.

Jetzt erfahre ich was unkontrollierte Liebe ist.

Wir sehen uns oft vierundzwanzig Stunden täglich. Um uns herum interessiert uns nichts, wir schwänzen die Schule, verdienen beide kein Geld, wir treffen keine anderen Freunde und schaffen uns unsere rosarote Seifenblase. Er trägt güldene Rasterlocken und ich strohblondes Engelshaar und Pausbäckchen. Wir laufen verträumt wie zwei Engelchen durch unsere Welt, vernachlässigen wirklich alles und bekommen nichts geregelt.

Ich fühle nach kurzer Zeit, daß er mir unterlegen ist und ich übe Macht über uns aus. Er ist mein Sklave und ich genieße meine Fähigkeit als Domina.

Im Sommer wollen wir miteinander Urlaub machen und als es soweit ist, sagt er: „Das rentiert sich für mich nicht!" Ich antworte verletzt: „Dann bleib daheim!"

Scheiße ... mein Sklave muckt auf!

Jetzt muß ich mein Gefühl wieder kontrollieren und mache Schluß, weil er ja auch Defizite und kein Geld hat. Dadurch bekomme ich meine Macht über ihn wieder. Er kommt heulend an und kratzt unterwürfig bettelnd um Einlaß an meiner Tür.

Jetzt lege ich ihm das Halsband meiner Liebe an und ich bestimme die Länge der Leine und damit seinen Freilauf. Dieses Spiel wiederholt sich zehn Mal, bis ich genug Kontrolle über meine Gefühle habe und ihn endgültig vor der Tür kratzen lasse. Er ist einfach nur noch ein Häufchen Elend in meinen Augen.

Ich habe ein schlechtes Gewissen, was aus ihm geworden ist. Ob ich wohl Verantwortung für ihn habe? Ich hänge mich immer wieder in s e i n e scheiß Lebenssituation.

Ich habe daraus gelernt, daß ich ehrlich mit mir und meinen Gefühlen bin. Das ich mir eingestehe, daß ich mit ihm ein Domina-Sklaven-Spiel getrieben habe.

Ich freue mich, daß ich bereits mit achtzehn Jahren das Geheimnis der LIEBE gelüftet habe.

Die Luft ist raus, ich habe kontrollierte und unkontrollierte Liebe erlebt und kann jetzt ganz bewußt frei wählen, welche Art der Liebe ich leben will.

Nach zwei Jahren treffe ich Robi wieder.

Er ist sofort Feuer und Flamme und ich lasse den Funken nicht springen. Er leistet sich wieder Aktionen, die einfach total unverschämt und total verachtend sind. Doch das interessiert mich nicht, weil ich weiß, daß diese Herausforderung mein großes Geschenk ist. Dafür habe ich mir jetzt mein Partnerschafts-Controlling-System geschaffen:

Bei einer unkontrollierten Liebe ist der Partner das Wichtigste in meinem Leben. Ich verliere mich, meine Ziele, meine Sichtweise und meinen Blickwinkel. Für mich ist momentan das kontrollierte Gefühl wichtig, weil ich mich sonst in meiner unkontrollierten Liebe verliere. Ich habe das unkontrollierte mit dem kontrollierten Gefühl ersetzt. Mit meinem heutigen Wissen sehe und ertrage ich, daß meine Partner mir meine Drogen- und Alkoholsucht erkennbar machen.

Ich habe riesengroße Angst, wenn ich mich verliebe, daß ich mich dann absolut verliere!

Ich weiß worauf ich mich einlasse und mein Ziel ist es, daß ich LIEBE erlebe, ohne mich aufgeben. Mich einlassen, ohne mich verlassen!

Ich habe LIEBE - unbewußt - als gegenseitiges Ausnutzen erlebt und jeder überlegt sich, wie er den ANDEREN anzapfen kann.

LIEBE ist wie ANGST haben!

Re-Light Form

Diese junge Liebe zeigt ganz klar, daß es keine Frage des Alters ist wie LIEBE gesehen wird.

LIEBE erleben Menschen heute wie einen Plastikchip, der nach Ermessen, Erwartungshaltung, Bedingung in den Anderen ein-projeziert wird, damit das vollautomatische Kontrollsystem funktioniert.

Lieben Sie doch einfach nach Wahrnehmung ...

Ohne Bedingung ...

Ohne Erwartungshaltung ...

Ohne den Anderen ändern wollen ...

Ohne die Angst haben den Anderen verlieren ...

Ohne Sorgen an Morgen ... etc.

L I E B E ... Der ganz normale Wahnsinn

Ich bin neun, als ich ihn das erste Mal sehe.

Groß, schlacksig, dünn und blaß. Mit zwölf gibt mir dieser Nachbarssohn Englischnachhilfe. Er ist acht Jahre älter als ich und wir wohnen auf der gleichen Ebene. Ich komme mir bei diesem intelligenten, allwissenden und weltbereisten gutaussehenden Mann sehr klein und unbedeutend vor. Aber irgendwie freue ich mich auf diese Stunden und ich fühle deutlich, daß er diese Zeit auch mag.

Mit vierzehn drücke ich mir die Nase an der Scheibe platt, passe auf, wann er kommt und wohin er geht. Meine Augen sehen nur noch ihn und ich bin unsterblich verliebt.

Unsere Eltern haben eine dicke Freundschaft, sie sind ein Herz und eine Seele.

Mit fünfzehn kommt dann heimliches Händchenhalten, und der Krieg mit seinen Eltern beginnt.

Ich als fünfzehnjähriges Flittchen bin einfach unwürdig für den bereits medizinstudierenden Sohn. Er ist der erste Mann in meinem Leben.

Er hat die Idee, mich nach seinen Erziehungsvorstellungen zu formen, auf daß ich seinem Bilde einer Partnerin entspreche. Ich habe das als Interesse an meiner Person gewertet und bin auch mächtig stolz darauf. Meine Eltern sind empört, daß H. sich als Erziehungsberechtigter aufspielt und sie leben im Machtkampf.

Als wir ein Jahr mit einander sind, läßt sich mein Vater nach Hamburg versetzen und meine Familie zieht in den Norden.

H. will das Semester beenden und mir nachfolgen. Wir haben heimlich von der Telefonzelle aus unser Liebesgeflüster fortgesetzt und Sehnsüchte geschürt.

Für uns ist klar, daß wir uns nicht trennen lassen.

Ich bin gerade sechzehn geworden und H. schickt mich für ihn auf Jobsuche, weil er in Hamburg weiter studieren will. Ich schnappe mir das Telefonbuch und rufe aufgeregt, zitternd mit klopfendem Herzen in den Personalabteilungen der umliegenden Kliniken an und finde einen Job für ihn.

Das macht mich sehr stolz, was ich alles mit sechzehn schaffe, ich bin SEINER doch würdig. Mit seinen Eltern völlig zerstritten, folgt er mir im Sommer nach Hamburg und ein halbes Jahr später verloben wir uns. H. lebt mit seinen Eltern und auch mit meinen Eltern in Fehde. Krieg auf allen Fronten. Ich leide schwer darunter und bemühe mich um Ausgleich und Harmonie. Darauf das Frühjahr feiert meine Familie Kommunion in Bonn, wo ich gern hinfahren möchte. H. denkt, daß meine Familie erwartet, daß ich daran teilnehme. Ich will nach Bonn, damit ich meine Großeltern und meine anderen Familienmitglieder sehe. Er ist sauer, fühlt sich zurückgestellt und macht mir eifersüchtig klar, daß er nur für mich nach Hamburg gekommen sei. Er erklärt mir, daß er sich mit seinen Eltern meinetwegen zerstritten hat und erwartet von mir, daß er die erste Stelle in meinem Leben hat, auch wenn ich dafür mit meiner Familie breche.

Er sagt: „Ich dulde keine anderen Götter neben mir."

Nach geschicktem Reden und Diplomatie gibt er mir die Erlaubnis mit dem Zug, statt im Auto meiner Eltern, nach Bonn zu-fahren.

Ich frage mich, habe ich richtig gehandelt, habe ich ihn verletzt, wäre ich besser bei ihm geblieben. Den ganzen Tag quälen mich SEINE Gedanken. So stehe ich auf dem Familienfest mit meiner Sorge im Mittelpunkt und nicht das Kommunionskind. Jeder gibt mir gute Tips, alle zeigen Verständnis und ich reise am nächsten Morgen in aller Frühe ab. Ich rufe ihn an und sage ihm, daß ich am nächsten Morgen direkt nach Hamburg komme und er will mich am Bahnhof abholen.

Er steht nicht am Bahnhof.

Mit noch mehr Unruhe fahre ich in seine Studentenbude und finde einen anderen Mann in seinem Zimmer. Jetzt weiß ich, daß meine Vorahnung berechtigt war, es muß etwas passiert sein.

Ich renne von Zimmer in Zimmer und frage, wo ist H.?
Was ist los?

Seine Freunde beruhigen mich, erzählen mir, daß H. sich die Pulsadern aufgeschnitten hat, daß er wieder wohlauf sei und fahren mit mir in die Klinik. Jetzt mache ich erstmalig Bekanntschaft mit Psychiatern und werde von ihnen befragt. H. sagt mir, daß das Geschehene seine Reaktion auf mein Verhalten gewesen sei.

Ich fühle mich schuldig!

Und es folgen unendliche schuldzuweisende Diskussionen.

Ein Jahr später besuchen seine Eltern ihn in Hamburg, damit sie sich mit ihm aussöhnen.

Sie sehen endlich ein, daß sie ihren Sohn nicht ohne mich wiederbekommen. Der nächste Machtkampf mit der "Minderjährigen" steht ins Haus, als wir zwei Wochen vor meinem achtzehnten Geburtstag heiraten wollen, wofür wir die schriftliche Genehmigung meiner Eltern brauchen. H. und ich erträumen uns ein Familienglück mit sechs Kindern. Hoch motiviert gehe ich siebzehnjähriges Küken in die Bank und handel mit Erfolg einen Kredit für unsere ersten Möbel aus. Das Familieneinkommen ist ja mit der ersten Einstellung von H. gesichert, ich gehe noch in die Schule, die Lehrer tuscheln von Schwangerschaft und sie wollen wissen, warum ich so früh heirate. Ich antworte: „Es ist LIEBE."

Wir heiraten standesamtlich mit unseren Eltern, die Schule ist eine lästige Nebensache geworden und ein Jahr später rassel ich durchs Abitur.

Wir ziehen wieder ins Rheinland und H. hat eine super Stellung in der Industrie. Ich arbeite als Angestellte in der Behörde.

Pflichtbewußt erinnert mich H., daß ich eine Ausbildung nach meinem Wunsch machen soll.

Aber mein Wunsch ist es, Mutter und Hausfrau sein, für Andere da sein, gebraucht werden, die Familie behüten.
Mit zwanzig kündigt sich unser erster Nachwuchs an.

Obwohl wir Kinder wollten, unterstellt mir H., daß ich ihn gelinkt habe!

Er hat tausend Argumente gegen das Baby, für mich ist es wunderschön, und kann seine Reaktion nicht verstehen.

Er hat mir die Entscheidung allein überlassen, ob ich abtreibe oder austrage. Abtreibung kam für mich nie in Frage!

Jetzt bin ich schuld, daß ich schwanger bin, jetzt muß ich stark sein, darf nicht jammern, denn ich habe mich ja für die Austragung entschieden. Mit der Zeit empfindet er sich auch als stolzer werdender Vater. Eine Woche nach der Geburt unserer Tochter beginnt mein Mann seinen neuen Job und wir ziehen mal wieder um.

Ich widme mich dem Kind und dem Haushalt.

Drei Monate später erzählt mir mein Arzt, daß ich wieder schwanger sei. Ich denke, das ist medizinisch unmöglich, eigentlich kann das nicht sein. Auch mein Arzt will das nicht wahrhaben und untersucht mich erneut.

Acht Monate später erblickt unser Sohn, zuerst mit einem Fuß, dann mit dem Knie, die Welt.

Ich erlebe eine grausame Geburt. Ich wußte, daß das Kind falsch liegt, der Arzt sagt: „Das Kind liegt richtig" und die junge unerfahrene Hebamme steckt mich erst einmal in ein heißes Wannenbad. Bis zu den Knien im heißen Wasser stehend, setzen die Presswehen ein. Verschreckt aufgescheucht nach Hilfe schreiend, transportiert mich die Hebamme wieder in den Kreissaal.

Der Chefarzt und sein Assistent kommen fluchend angerannt und werfen die Hebamme aus dem Raum. Ich höre den Assistent fragen, sollen wir ihr eine Spritze geben? Er sagt: „Nein, das überlebt sie so-wie-so nicht."

Ich höre es knirschen und falle in Ohnmacht. Da ist der Schmerz so groß, das habe ich nicht länger ausgehalten. Als ich wieder aufwache, höre ich: „Schnell unter das Sauerstoffzelt" und sehe, wie mein kleiner Sohn weggetragen wird.

Zwei Wochen später ist das Kind wohlauf und ich habe das Kindbettfieber. Jetzt, mit zwei kleinen Kindern, ist gar keine Ruhe mehr da. Das streßige Berufsleben meines Mannes als Polizeiarzt, Tag und Nacht Kleinkind und Säugling, nachts die Noteinsätze, Doktorarbeit meines Mannes aufschreiben, statistische Auswertungen und Grafiken erstellen.

Die Nächte sind lebhafter als die Tage schwierig.

Wo bin ich? Ich weiß es nicht, ich funktioniere einfach.
Wo ist die Grenze der Leistungsfähigkeit?

Keine Zeit für Zärtlichkeiten, keine Zeit für MICH. Schöne Stunden sind immer weniger und unser Traum vom glücklichen Familienleben verläuft sich. Mich beschäftigt vielmehr, daß ich durch meine Kraft und Leistungsfähigkeit Anerkennung bei meinem Mann und seinen Eltern bekomme und somit SEINER würdig bin.

Ich bin den ganzen Tag mit s e i n e n Gedanken, mit s e i n e n Phantasien, mit i h m beschäftigt.

Hoffentlich merkt er meinen Einsatz, hoffentlich nimmt er irgendwann MEINE Bedürfnisse w a h r, hoffentlich liebt er mich für immer. Über meine tiefe menschliche Gefühlswelt erreiche ich ihn nicht, also muß ich intellektueller und noch leistungsstärker werden.

Je tiefer er mich demütigt, verletzt und kränkt, desto mehr muß ich ihn von mir überzeugen, überzeugen über mein kämpferisches Dienen.

Eines Tages schmeckt mir mein Kaffee nicht mehr und ich weiß sofort, es sind die ersten Anzeichen für die Erfüllung unseres Kinderwunsches. Da ich ja schon alles kenne, läuft die dritte Schwangerschaft so dahin und wir planen ein Eigenheim für unsere angehende Großfamilie.
Die Geburt läuft komplikationslos.

Und nun habe ich drei verschiedene Pamperskisten unter dem Wickeltisch stehen. Jetzt ist alles nur noch eine Frage der Organisation. Nerven wie Drahtseile ist klar, meine eigenen Bedürfnisse nehme ich gar nicht mehr w a h r und ich werde immer stärker.

Die Doktorarbeit blüht und gedeiht und somit erfüllen sich auch die Bedürfnisse meiner Schwiegereltern nach dem akademischen Titel ihres Sohnes. Sie nehmen die Kinder, damit die Doktorarbeit vollbracht wird, denn der Ernährer der Familie hat in ihren Augen immer Vorrang und muß gefördert werden. Indem ich für ihn tätig bin und für ihn da bin, sammel ich bei allen Bonuspunkte, die ich für eigene Gefühlsansprüche einlöse. Nach dem Motto: Ich tue so viel für Dich, ich tue alles für Dich, daß Du meine Gefühle achtest. Doch wenn ich meine Bonuspunkte einlöse, bekomme ich statt Zärtlichkeit oder Anerkennung Wutausbrüche, Gewalttätigkeit, Beschimpfungen, verletzte Lieblosigkeit.

Egal was ich mir einfallen lasse, ich kann mir Hals und Bein ausreißen ... es reicht einfach nie. Meine Angst vor diesen offensichtlichen Ausbrüchen macht mich noch hilfloser und damit gefügig leistungsbereiter.

H. will, daß er für mich das Zentrum meines Lebens ist.

Dieser unerträgliche Druck wird Jahr für Jahr stärker und meine Angst vor seinen Ausbrüchen macht mich blind für meinen eigenen Zorn, meine eigene Wut. Ich ersticke wehrlos an meinen eigenen Emotionen und habe des öfteren Atemnot. Ich frage mich:

Wem gehört welches Gefühl?

Wem gehören diese gewaltigen Reibereien?

Welches Wechselspiel hält uns gefangen?

Weil er mich am Tage nicht anerkennt, so wie ich bin, so wie ich fühle, verweigere ich ihm nachts meinen Körper. Diese Verweigerung gibt neuem Zündstoff Nahrung.

Irgendwann muß doch auch H. begreifen, daß ich einfach nur geachtet und geliebt werden will, statt dessen wird der Druck immer größer. Schön ist unsere Ehe, wenn ich keine Fehler mache, wenn ich seinem Leistungsbarometer entspreche, wenn ich ihm seine Bedürfnisse von den Augen ablese und selbst eigenständig erfolgreich handel. Oder wenn er unsere Familienidylle mit den drei bildhübschen und aufgeweckten Kindern vorzeigt. Wenn Sprengstoffthemen wie Gefühle oder unsere Eltern ausgeklammert werden, gibt es Tage mit sehr viel Übereinstimmung und liebevoller Innigkeit.

Eines Tages fragt mich meine Mutter, ob anläßlich einer großen Familienfeier m e i n e Brüder bei uns schlafen dürfen. Ich antworte spontan: natürlich geht das und erzähle das abends H.

Er befindet sich derzeit in seinem Arbeitsmarathon und rastet total aus.

Oh Gott, was jetzt passiert, hätte ich nie für möglich gehalten. Er verläßt wutentbrannt die Wohnung, verschwindet für einige Tage und schickt mir einen seitenlangen Scheidungsbrief. Ich lasse mich dieses Mal nicht einschüchtern und gehe mit den Kindern auf die Feier. Ich betäube mich mit Beruhigungstabletten und als ich wieder nach Hause komme, telefoniere ich mit meiner Schwiegermutter. In dieser Sekunde bricht er unsere Wohnungstür auf und schlägt mich nieder: Mit dem Kommentar, ich sei Schuld, daß sein Vater einen Herzanfall erlitten hat. Er randaliert in unserer Wohnung weiter, bis die gerufene Polizei kommt und ihn in eine Klinik bringt. Er büchst aus der Klinik aus und läuft in die Wohnung meiner Eltern. Er klingelt und meine Großmutter öffnet ihm die Türe.

Mein großer starker Mann fällt über die kleine zierliche Frau her und schlägt sie mit unzähligen Brüchen und Verletzungen krankenhausreif.

Als ihn die Polizei festnimmt, läßt er sich freiwillig in eine psychiatrische Klinik bringen.

Schock! Schock!

Als ich meine Oma später im Krankenhaus besuche, ist mein Schuldgefühl unermeßlich.

Wie konnte es so weit kommen?

Ich habe diesen Mann in die Familie gebracht!

Meine Schuldgefühle sind unerträglich!

Mit dieser Aktion verliert H. seine berufliche Existenz und wir unsere Lebensgrundlage.

Da stehe ich nun, innerlich erstarrt, hohl und ausgezehrt. Meine Bilanz mit vierundzwanzig Jahren sieht so aus: Drei kleine Kinder, Mann weg, Existenz weg, eine geschockte, wütende und trauernde Familie um mich herum. Das Haus steht im Rohbau und wartet auf seine Fertigstellung. Die Bänker, die das alles finanzieren, warten ungeduldig auf eine glohreiche Idee von mir, wie es jetzt weiter geht.

Nach Wochen gehe ich in die Klinik und spreche mit seinem Arzt, wo mein Mann steht. Dann besuche ich ihn und wir führen viele Gespräche.

Er sagt, daß ihm das alles sehr leid tut, daß er einen totalen Blackout hatte.

Geben wir auf?

Machen wir weiter?

Lassen wir uns scheiden?

Oder packen wir es noch einmal an?

Also krempeln wir die Ärmel hoch, machen uns kluge Gedanken über die neue berufliche Laufbahn meines Mannes und bauen neben dem Haus noch eine Praxis auf.

Die Doktorarbeit ist fertiggestellt, so daß wir wieder Kapazität für die Fortsetzung unseres Machtkampfes haben und arbeiten Tag und Nacht.

Wir ziehen in unser neues Haus ein und eröffnen gleichzeitig unsere eigene Praxis.

Die Idee von diesem Neuanfang - es noch einmal versuchen - verleiht mir Flügel und setzt ungeheure Energie frei.

Durch dieses schreckliche explosionsartige Geschehen können wir jetzt ein druckfreies Miteinander erleben. Wir arbeiten miteinander, wir fühlen miteinander, wir leben miteinander, trotz der vielen Arbeit ist es schön und ich habe das Gefühl eines Neubeginns in unserer Ehe.

Wir haben eine richtig schöne Zeit und das Versöhnungskind kommt neun Monate später.

Wir haben richtig viel Kraft gesammelt und keiner hat dem anderen Druck gemacht, obwohl unbewußt die Angst verdrängt wurde - Ruhe vor dem Sturm - .

Ganz schleichend und subtil baut sich der Druck in unserem Machtkesselchen wieder auf. Ich begebe mich jetzt auch auf die intellektuelle Seite, lese sehr viel Fachliteratur, bilde mich weiter, wie es einer Frau Doktor gebührt.

Ich muß ja in der Praxis neben ihm bestehen. Außerdem wollte ich ihm ja immer noch einmal klar machen, daß er mich bis jetzt gar nicht erkannt hat, daß in mir viel mehr steckt, als er glaubt. Er zitiert ständig Bücher, und ich wollte ihm immer beweisen, welchen Eklektizismus er mit mir betreibt.

Indem ich immer selbstbewußter werde, sehe ich ihn mit ganz anderen Augen und mache meinen Mund auf. Ich bin mit meiner Weiterbildung in sein Refugium eingebrochen und habe ihn von seinem Sockel herunter geholt, auf den ich ihn SELBST gestellt habe.

Er erscheint mir jetzt menschlicher, ich kann ihn besser annehmen, verstehe, warum er sich so hinter dem intellektuellen Wissen versteckt hat.

Die Praxis läuft super, unser Fleiß zahlt sich aus, unsere Ehe läuft gleichberechtigter, nur er kann das alles nicht ertragen. Er betäubt sich abends mit Alkohol und macht mir klar, daß ich verrückt bin und qualifiziert mich wieder ab ...

Mit meinen Erkenntnissen werde ich immer stärker und er sieht mich bereits als eine Bedrohung gegen ihn.

Wir setzen das alte Machtspielchen fort, nur jetzt in einer subtileren Variante. Das Pulverfaß wird größer und größer und bekommt mit dem Alkohol eine gefährliche Mischung. Somit werden alte Themen, die wir als erledigt dachten, plötzlich wieder lebendig und dienen als Lunte für die nächste Sprengung. Es war genau der alte Kreislauf, nur mit anderen Methoden, immer das Gleiche, immer das Gleiche. Es baut sich immer mehr auf. Er rückt hin und wieder die Möbel gerade und wir stehen immer wieder vor dem nächsten Scherbenhaufen.

Ich bin immer weniger bereit, mich ganz aufgeben. Gleichzeitig erkenne ich den Wert meiner Arbeit nicht, deshalb setze ich den Maßstab meiner Leistung immer höher und meine bisherige Arbeit mache ich damit immer wertloser. Selbstzweifel verbreiten sich in mir und das Gefühl der Minderwertigkeit überrollt mich.

Eifersüchtig bin ich auf jeden Menschen, der mir einen Zipfel in H.´s Gehirn und seiner Gefühlswelt streitig machen will.

Er gehört mir!

Ich fühle Angst in allen Knochen und krieche in s e i n Gehirn, damit ich herausbekomme, was in ihm vorgeht und wie ich derartige Ausraster verhindern kann. Mir wird immer mehr klar, daß ich nicht mehr das kleine Mädchen bin, was erzogen werden muß und geformt werden soll, sondern jetzt bin ich eine Dreißigjährige, die viel gelernt hat, die selbständiger geworden ist und die mit einer Menge seelischer Narben selbstbewußt auftritt. H. kommt garnicht mehr damit klar und ertränkt seinen Frust im Alkohol.

Wenn ich ihn anschaue, sehe ich seine arme Intelligenz und er tut mir einfach nur noch leid.

In der Arbeit, in der Praxis finden wir wieder zusammen und das zeigt unser Erfolg. Er ist ein brillianter Arzt, und die Patienten kommen gerne.

Sie sehen über die kleinen Schönheitsfehler ihres Doc-g-s hinweg und lieben ihn.

Eines Nachts sitze ich verängstigt in meinem Bett und lausche, was er in seinem alkoholisierten Kopf heute wieder anstellt. Das Ganze gipfelt darin, daß er in die Garage geht, einen Benzinkanister holt und das Benzin im Haus verspritzt und es anzündet. Ich will ihn daran hindern, er beschimpft mich, er würgt mich und in diesem Kampf kommen die Kinder angelaufen, die ihn von mir reißen wollen. Er wendet sich ab und zündet das Haus an. Das Feuer gleicht unserer Situation, die keine offenen Flammen zeigen, sondern nur schwelend erstickende.

Das war es!!!

Er wird verhaftet und in einer psychiatrischen Klinik eingesperrt.

Ich stehe wieder vor einem Trümmerhaufen.

Nur dieses Mal ist es schwärzer, verruster, verschmierter, ich habe vier Kinder und bin dreimal so hoch verschuldet wie vor fünf Jahren.

Jetzt mache ich meine Gefühle ganz dicht. Ich verschließe mich und funktioniere nur noch wie eine Maschine. Rette was zu retten ist und ich muß alles auflösen.

Verluste, Verluste, Verluste ...

Ich habe alles verloren!

Ich habe verloren! Tränen habe ich keine!

Jetzt reichts mir und ich trenne mich von H.

Zwei Jahre später wird das Haus versteigert und ich ziehe mit den Kindern in eine kleine Wohnung einer anderen Stadt. Ab jetzt geht jeder seinen eigenen Weg, doch der Machtkampf funktioniert weiter über die Kinder.

Ich fühle mich als Opfer zügelloser und willkürlicher Taten! Ich will Opfer sein!?

Nun sitze ich mit einunddreißig Jahren allein mit vier Kindern in 88 m^2 im Hochhaus und lecke meine Wunden. Da erinnere ich mich an meinen Jungmädchentraum: Ich sehe, daß ich die große Liebe gefunden habe, ich sehe mich ganz in weiß vor dem Traumaltar, wir haben viele Kinder, haben Erfolg, sind glücklich und werden alt miteinander.

Unsere Liebe hält ewig.

Aus der Traum!

Meine Bilanz sieht so aus, daß ich aus dem Opfergedanken nicht heraus gekommen bin. Außer Belastung, Krieg und Leid ist mir nichts geblieben. Damit hänge ich mich nun an meine vier wunderbaren Kinder.

Das ärztliche Hilfswerk finanziert uns und ich will mich beruflich auf eigene Beine stellen und mache eine Heilpraktiker-Ausbildung. Da kann ich meine fundierten Erfahrungen und Kenntnisse aus der Praxis nutzen.

Das macht mir viel Spaß, doch einige Wochen vor der Prüfung bekomme ich meine Diagnose: „Ovarialtumor bösartig."

Dann geht alles ganz schnell. Totaloperation, Chemo muß ich nehmen, wegen der Kinder, da ich sonst sterbe. Für mich bricht eine neue Welt zusammen. Ich wollte die Chemo nicht und habe lange diskutiert. Mein Arzt appelliert an mein Verantwortungsbewußtsein für meine Kinder, daß ich schließlich eine tödliche Krankheit in mir habe. Ich fühle mich gezwungen und mache eine Chemositzung, statt sechs, die ich gebraucht hätte.

Es stellen sich neurologische Probleme bei mir ein, und ich verliere mein Gedächtnis, meine Konzentrationsfähigkeit.

Irgendwie ist es eine Wohltat für mich.

Ich gebe die Verantwortung ab, brauche nicht mehr denken und das Leben geht an mir vorbei. Mit dieser Situation darf ich "offiziell" dumm sein. Es ist in Ordnung, daß ich alles vergesse. Ich kann nicht mehr lesen, also habe ich mit Freude gemalt.

Ausgerechnet hier in der Klinik erfahre ich, daß mein Mann H. in der gleichen Zeit "Krebsvorträge" hält.

Jetzt ist der Berechtigungsschein perfekt ...

Jetzt bin ich wieder Mittelpunkt der Familie, habe Narrenfreiheit, werde geschont und verschont. Darf wieder Opfer spielen und mein Leid offiziell legitim in die Welt tragen, was in so einer Situation ja jeder versteht.

Für mich ist diese Zeit die größte Erholung meines Lebens. Endlich mal ein dreiviertel Jahr Ruhe, bis sich meine Gehirncellen wieder aktivieren.

Danach mache ich die Ausbildung noch einmal von vorne und bevor ich die Prüfung machen kann, erfahre ich von Metastasen an der Milz. Wieder OP, und ein weiteres Organ wird herausgeschnitten.

Ein Jahr später nehmen die Kinder wieder Kontakt mit ihrem Vater auf und H. kommt uns auf Drängen der Kinder besuchen.

Ich denke viel darüber nach, warum ich krank geworden bin und was die Ursache ist. Wo ist die Verbindung zwischen meinem Leben, der Psyche und meiner Krankheit. Ich lese viel von alternativer Medizin und suche nach anderen Wegen. Ich glaube immer noch, daß die Heilung von außen kommen muß.

Ich habe die Heilpraktikerprüfung nie gemacht und mache statt dessen viel andere Seminare.

Ich kann wieder mit H. reden und wir wollen unser wirtschaftliches Fiasko regeln.

Unmittelbar danach habe ich neue Metastasen im Lymphbereich und muß erneut operiert werden.

Jetzt nutzt H. meine Krankheitssituation und will die Kinder an sich heranziehen. Er macht mir klar, daß ich laut Krankheitsbild nicht mehr lange lebe und er sich jetzt um die Erziehung der Kinder kümmern muß. Diese Anmaßung empört mich und ich bin sauer, daß er meinen Tod nicht abwarten kann.

Wie unfaßbar, er wünscht mir den Tod!

Ich glaube nicht an meinen Tod. Der Krebs kann mich nach all den Erlebnissen auch nicht schaffen.

Jetzt mache ich eine kaufmännische Ausbildung mit IHK Abschluß und bin im Marketingbereich tätig. Ich arbeite ein dreiviertel Jahr dort u n t e r einem Chef, der tyrannische Macht liebt und mich als seine Leibeigene betrachtet.

Gott sei Dank b e f r e i e n mich meine nächsten Metastasen aus diesem Intrigenhaus und ich f e i e r e eineinhalb Jahre krank. Danach werde ich als Erwerbsunfähige berentet.

Ich erkenne, daß es ein Muster in mir gibt, was sich immer wiederholt. Nur ich weiß nicht, was für ein Muster es ist und wie ich es auflöse.

Auf der Suche nach der Klärung meiner Eigenart und meiner Erkrankung finde ich Re-Light Form.

Dieser Gedanke, dieser Weg fasziniert mich sofort. Ich wende das Re-Light Handwerk an, nehme immer mehr wahr und erkenne.

Mich erschreckt, wie tief die M a c h t der G e w o h n h e i t in mir verankert ist.

Obwohl ich mein Leben lang gelitten habe, Macht und Ohnmacht sich täglich die Hand gaben, die Kinder ihre eigenen Wege gehen, fühle ich immer noch nicht meinen eigenen Wert.

Ich weiß, wie es geht und rechne immer noch mit Schuld und Bewertung ab.

Meine Metastasen fordern mich immer erneut heraus und fordern mich auf, meinen Weg weiter gehen. Es gibt keinen Chirurgen in dieser Welt, der mir meinen Zorn, meine Wut, meine Ängste, meine Trauer und auch meine Liebe herausschneiden kann.

Es sind meine eingesperrten Emotionen, die sich als Ballast in mir sammeln und die ich als endlos schweres Gewicht mit mir herumschleppe.

Welche Wucht und Mächtigkeit diese emotionalen Muster haben, hat mir mein Mann gezeigt. Er hat mir seine Emotionen gegeben, er hat sie ausgelebt und in mir sind sie in Form von Krebs implodiert. Es sind die gleichen Gefühle, die gleichen Emotionen, es ist die gleiche Frequenzskala.

Jedes nicht Wahrhabenwollen läßt meine Symptome wachsen und stärker werden bis sie mich töten.

Ich weiß, ich erkenne dieses heute als meine nicht gelebte Seite. Wenn ich endlich meinen Weg gehe und mich selber lebe, statt andere für mich verantwortlich machen oder Schuldzuweisungen ausspreche, werden sich meine Symptome, die Metastasen, auflösen.

Sie sehen eine Beziehungskiste

Die Kinder, die die Kiste tragen, nennen wir die Leid tragenden!

Die Schleifen um das schön gebundene Paket sind die erdachte Freude, die Harmonie und die schön denkenden Gedanken!

Die Menschen rundherum bedienen sich aus dem Familienstoff, weil sie selbst Nahrung für ihre Gefühle und Gesprächsstoff brauchen.

Die Kiste selber sind die familiären Programme, die Gewohnheiten und das soziale Gefüge!

Obwohl sich kein Mensch - eingesperrt - in dieser Kiste wohl fühlt, leben wir seit Generationen das Gleiche.
Nur die Facetten ändern sich!

Eingesperrtes LEBEN ... eingesperrte LIEBE ...

ist schal und kann nicht schwingen!

Beziehungskiste

Donnerwetter ...

Die Verführung lockt so gut sie kann ...

Marion: Ich kenne Benno schon seit ich zwölf Jahre bin. Ich kenne ihn von der Schule und er wahr immer so unerreichbar für mich. Mit dreizehn habe ich dann zum ersten Mal auf einer Schulabschlußfeier mit ihm herumgeknutscht und ich wahr ja sooo verliebt in ihn. Doch dieser Blödmann hat mich hinterher nicht einmal mehr angesehen und ging mir aus dem Weg. Ich bin total verzweifelt und verstehe gar nichts.

Benno: Zwölf Jahre später sind wir näher miteinander befreundet, da wir in der gleichen Clique sind. Richtig nah sind wir uns gekommen, als ich nach einem Skiunfall im Krankenstand bin. Ich trage eine Gipskorsage am ganzen Oberkörper und am Bauch ist ein Herz ausgeschnitten.

M.: Jetzt ist er in mich verliebt und ich kann nur lachen.

Das ist doch ein Witz.

Ich kann ihn überhaupt nicht wahrnehmen.

Ich habe Angst vor der nächsten Enttäuschung.

Ich traue ihm nicht, daß er m i c h will.

Ich habe gerade eine achtjährige Beziehung hinter mir und traue Männern nicht.

Ich fröhne meinem Männerfrust.

Acht Jahre umsonst!

Drei Jahre habe ich mich vor dem Alleinsein gedrückt und lieber durchgehalten als Alleinsein. Jetzt wo ich allein lebe, kann ich mich nicht ertragen, mich nicht allein aushalten.

Ich genüge mir nicht!

Mein Harmoniebedürfnis und mein Wunsch nach echten Gefühlen ist so stark.

In der Clique treffe ich Benno öfter und da wir ja schon Freunde sind, muß ich viel Distanz aufbauen, damit kein Gefühl ins Spiel kommt.

Mehr Gefühl als Freundschaft erlaube ich im Moment keinem Mann, obwohl ich mich nach nichts anderem sehne.

Damit haben wir uns eine Weile herumgequält und uns gegenseitig gekränkt.

B.: Ich wußte einfach nicht, wie ich sie von meiner Ernsthaftigkeit überzeugen kann. Mein Freund hat ja alles mitbekommen und ihm habe ich mich offenbart, ihm vorgejammert, ihn um Rat gefragt, wie ich an diese Frau komme.

Ich leide wie ein Hund, wau wau.

Wie komme ich nur an sie heran? Ich merke, daß sie mich nicht so richtig ernst nimmt.

M.: Am Faschingsfest spricht mich sein Freund an und sagt: „Merkst Du das eigentlich nicht, daß Benno total verknallt in Dich ist?" Einerseits freue ich mich sehr und andererseits erschrecken mich Zweifel, ob das wohl wahr ist!

Benno hat so viel Frauen gehabt, daß ich die Ernsthaftigkeit total anzweifel. Ich habe nicht i h n gesehen, sondern nur die schlechten Dinge, damit ich mich nicht einlassen muß.

B.: Wi r r haben so eine Art Zusammenschluß gegründet und haben uns in der Öffentlichkeit unserer Gefühle geschämt, weil alle an uns zweifeln. Gleichzeitig sehen wir auch, daß wir so etwas wie ein Traumpaar für die Anderen sind.

Deshalb haben wir viele Neider und ich habe Angst, daß ich meinen Traum erleben muß!

Das darf doch alles garnicht wahr sein!

M.: In der Nacht des 13. auf dem Faschingsfest haben wir dann unseren Pakt besiegelt und uns trotz aller Zweifel eingelassen!

Der Zweifel frißt unser Verliebtsein und unsere Spontanität.

Wenn wir alleine sind und unsere Gefühlswelt öffnen, ist es wunderschön. Sobald wir mit Bekannten und Freunden, vor allem in der Stammkneipe sind, fühlen wir erstarrte Trennung und Distanz. Wir legen unser Verliebtsein für ANDERE auf Eis und jeder leidet auf seine Art wie ein geprügelter Hund! Und das alles nur für die ANDEREN!

Endlich erfüllt sich mein langersehnter Traumjob als Bekleidungstechnikerin in der Modebranche und wir sehen uns daher nur noch am Wochenende. Wir erleben, wie kostbar unsere wenige Zeit jetzt ist und die ANDEREN sind uns nicht mehr so wichtig. Als wir das eine Zeit erleben, sind wir uns so nah, daß die ANDEREN auf unsere Gefühle keinen Einfluß mehr haben.

Das ist für mich eine wunderschöne Zeit und jetzt bin ich mir sicher mit ihm.

Ich fühle wirklich Sicherheit.

B.: Ich bin mir so sicher, daß ich schon von Heirat rede.

M.: Die Freunde bombardieren Benno mit Vorwürfen, daß er keine Zeit mehr für sie hat.

Ich bin perplex, was erlauben die sich eigentlich? Warum gönnen sie uns das bißchen Zeit nicht?

B.: Ich empfinde das als ganz normal.

Ich will ja auch was mit meinen Freunden machen.

Ich will alles!

Ich will Marion und meine Freunde.

Wenn ich nicht alles habe, habe ich Angst, daß ich was verpasse. Das ist meine Pseudo-Sicherheit.

M.: Indem ich Benno für mich habe, fühle ich mich sicher mit ihm, sobald äußere Einflüsse dabei kommen, erkenne ich ihn oft nicht mehr. Da bin ich enttäuscht und meine Sicherheit schwankt.

Dann kommt der erste gemeinsame Urlaub.

B.: Ich wäre genau so gern mit meinen Freunden gefahren. Der Zwiespalt zerrt an mir und zerreißt mich, so daß mein Herz sich bemerkbar macht.

Obwohl ich in Herzensdingen unterwegs bin, wundere ich mich, daß mein Herz tanzt.

Es fängt alles damit an, daß im Auto die Kühlschläuche platzen, der Ver-Kupplungszug reißt und wir streiten.

M.: Da erkenne ich Benno gar nicht mehr. Die Banalitäten, an denen er sich aufreibt, kann ich nicht nachvollziehen. Er redet einfach nicht mehr mit mir und fährt sein Unzufriedenheits-Dichtmach-Programm auf.

Das ist ganz mies, das ist so mißachtend und das nach so einer schönen verliebten Zeit!

Ich denke, entweder passiert jetzt was, oder ich fahre allein nach Hause.

Dann reden wir und schieben diese Misere auf die geografische Lage von Italien und wechseln das Lager.

In Frankreich entspannen wir uns wieder und der Urlaub ist gerettet.

Urlaub muß ja schön sein!

Als ich unausgeruht aus dem Urlaub in mein Büro komme, spitzt sich meine berufliche Situation dramatisch zu. Sie machen Schuldzuweisungen, Vorwürfe und meine Chefin droht mit Kündigung, da ich noch in der Probezeit bin.

Da erlebe ich wie immer, ganz bewußt tiefe Existenzangst. Mein Traumjob bröckelt mit dieser schrecklich launischen Chefin und ich überlege, wie ich da raus komme. Einen Monat später habe ich die L ö s u n g, weil mein Arzt mir bestätigt, daß ich schwanger bin.

Obwohl er mir einen Monat vorher sagte, daß ich zu viel männliche Hormone hätte und eine Schwangerschaft unwahrscheinlich sei.

Dann erlebe ich einen riesigen Schock.

Ich doch nicht! Ich will doch noch gar kein Kind. Ich erlebe pure Angst, zittere und schlottere am ganzen Körper und meine Emotionen geraten außer Kontrolle.

B.: Als ich Marion von der Praxis abhole, läßt die Gestik des Arztes schon erkennen, daß irgend etwas nicht in Ordnung ist. Ich sitze im Wartezimmer und Marion kommt heulend aus der Sprechstunde und ich zeige auf ihren Bauch.

Marion nickt und ich weiß Bescheid.

Dann sind wir ins Eiscafe gegangen und statt Eis verdrücken wir unsere Emotionen, weil mal wieder einer unserer Freunde dabei ist.

Irgendwie ist die neue Situation für uns beide o.k., doch die Realität ist für uns nicht greifbar.

Alles ist wischiwaschi!

M.: Als ich am nächsten Tag meiner Chefin die Schwangerschaft erzähle, sagt sie mir: „Das ist mir auch schon einmal passiert" und sie hat eine gute Adresse für mich.

Ich falle in tiefe Zweifel - Austragen oder Traumjob, der ja in der Realität nie einer w a h r.

Auf einmal wird die erdachte Illusion meines Jobs schmackhaft und ich zweifel und denke an Abtreibung. Früher hätte ich geschworen, daß ich so etwas nicht einmal denken könnte. Der Hit dabei ist, meine Schwester will schon ewig lange schwanger werden, aber ich doch nicht. Wieso bekommt die das Kind nicht?

Freitags habe ich starke Blutungen und riesige Angst, daß ich mein Baby hier auf der Toilette verliere.

Dieser Schock macht mir endgültig klar, daß ich dieses Kind will und gerne austrage.

Der Zweifel war immer nur meinerseits: Ich habe Existenzangst, einen neuen Job, Benno studiert noch, wir wohnen bei meinen Eltern, schlimmer kann es nicht werden. Benno motiviert mich positiv und ich fühle mich mit ihm sicher.

B.: Ich will unser Kind, ich habe mir immer Familie gewünscht. Ich habe es ja schon länger geahnt, und mein Stipendium in Spanien abgesagt.

Aber ich will ja beides. Die große weite Welt als erfolgreicher Architekt erleben und gleichzeitig trautes Heim mit einer schönen Frau und Kindern. Diese Zerrissenheit muß mein Körper wohl unbewußt erkannt haben, weil nächtliche Panikattacken an mir reißen und ich habe große Angst, daß mein Herz versagt.

M.: Die ganze Schwangerschaft wurde uns von dem Arzt Angst gemacht, so daß ich öfter ins Krankenhaus mußte und ich somit meinen Job nicht länger ausführen konnte.

Dann haben wir unser Nest gebaut und ich habe mir bei dem Projekt für alleinerziehende Mütter meine neue finanzielle Sicherheit geholt.

B.: Als unser Sohn S. das Licht der Welt erblickt,
läuft er zwei Minuten später blau an. Er wird mir aus dem Arm gerissen. Er atmet nicht mehr und die Ärzte intubieren ihn. Direkt danach hat er sich wieder erholt und ich bin erstaunt, wie klar und offen seine Augen sind und wie bewußt klar er in die Welt schaut!

Jetzt wo ich das große Wunder der Geburt erlebe und Sekunden später die Angst vor dem Leben fühle, bin ich selbst erstarrt, laufe wie ein Tiger auf und ab und erlebe Todesangst.
Ich fühle die größte Angst meines Lebens und die Krankenschwester tröstet mich.

M.: Ich war relativ gelassen und habe statt für meinen Sohn - Angst um meinen Mann.

B.: Dann ist alles gut und Marion hat nach der fünfzehnstündigen Geburt einen so glücklichen, friedvollen Gesichtsausdruck.

Wir genießen das Elternglück, haben viel Zeit für einander und fühlen uns rundherum wohl.
Nach einer Weile stören Marions Eltern die Familienidylle, kommen wie sie wollen in unsere Wohnung und ich kann mich nicht mehr abgrenzen.

M.: Benno reagiert sauer und entzieht den Großeltern das Kind.

B.: Marion hat oft ein schlechtes Gewissen mit den Eltern, weil sie immer für sie da waren, wenn sie gebraucht wurden. Das ewige Hin und Her nervt uns und wir suchen uns unsere eigene Wohnung.

Jetzt als Familienvater muß ich unbedingt mein Studium beenden und erzeuge mir mächtigen Druck. Dieser macht sich nachts bemerkbar und ich beginne mit autogenem Training.

Jetzt ziehen wir in unsere neue Wohnung und heiraten heimlich aus steuerlichen Gründen.

Für die Anderen sollte das eine Überraschung werden, weil wir unsere Eltern und Freunde später nach Frankreich ans Meer für ein rauschendes Hochzeitsfest einladen wollten.

Das hat keiner verstanden ...

Das gab Krieg auf allen Fronten.

Unsere Enttäuschung ist groß und das geplante Hochzeitsfest hat nie stattgefunden.

M.: Wir bleiben lange in den Verletzungen hängen und unsere Zeit plätschert dahin. Benno macht sein Studium fertig und bleibt wegen einem super beruflichen Angebot in dem Ort hängen, wo er unbedingt raus wollte.

B.: Marion beschäftigt sich ganz viel mit Naturheilkunde, Homöopathie, damit unser Sohn giftlos gesund aufwächst.

M.: Wenn wir noch ein zweites Kind wollen, dann jetzt, bevor mein Mutterschutz ausläuft. Ein Kind ist kein Kind und alles andere ist Schnickschnack.

In der Schwangerschaft haben wir ganz viel Streit. Benno flutscht mir zwischen den Fingern weg, weil ich merke, daß er mit allem unzufrieden ist. Ich fühle mich so allein und mein Schwangerschaftsstatus hat ihn auch nicht interessiert. Das ist eine große Enttäuschung für mich. Das Nichtinteresse an mir und der Schwangerschaft macht mich panisch, verrückt und unsicher. Auch wenn es Krisen gibt, haben wir uns immer wieder eine Brücke gebaut, daß unsere Ehe etwas Besonderes ist, etwas Anderes, die niemals auseinander geht.

Irgendwie spüren wir beide, daß wir uns alles schön reden, schön denken und dennoch wollen wir an den absoluten Notnagel glauben, damit Sicherheit da ist und der Andere nicht geht.

Ich denke, wenn die Schwangerschaft erst einmal vorbei ist, dann wird wieder alles gut.

B.: Emotional bin ich schon weg, aber "Man-n" verläßt Familie nicht. Obwohl ich mir nichts sehnlicher wünsche als eine Familie, wächst auch der Wunsch in mir nach "was erleben."

Diese Zerrissenheit macht mich irre.

M.: Ich weiß das und damit wächst meine Angst. Irgendwann ist er weg ... einfach sooo, einfach sooo ...

Die Ohnmacht, daß ich daran nichts ändern kann, ist ein schmerzliches, grausames Abhängigkeitsgefühl. Ich habe ja von Anfang an gewußt, daß ich ihm nicht trauen kann. Daß ich ihm doch nicht sooo viel bedeute.

Nach der harmonischen Geburt hält mich unsere Tochter so auf Trapp, daß ich keine Zeit mehr habe, über unsere Be-ziehung nach-z u-denken.

Ich fühle mich nur noch ausgepumpt, leer und müde.

B.: Ich fühle mich immer mehr überfordert und weiß nicht mehr ein noch aus. Als ich mal auf unser Baby aufpassen muß, schreit sie stundenlang und ich fühle meine Überforderung so massiv, daß ich mich selber nicht wieder erkenne.

M.: Unsere Tochter bringt noch mehr Spannung in unser Hochspannungsleben und Benno schottet sich emotional ab. Selbst mit seinem besten Freund überwirft er sich. Jetzt dreht er ganz durch und ich will die Beiden wieder kitten.

Nach einem halben Jahr gebe ich auf, weil ich keinem helfen kann. Unsere Energie ist auf allen Fronten verpufft, und trotz allem Lug und Trug halten wir beide an unserem erdachten Traumehepaarbildnis fest.

Ich traue mich nicht, Benno von meinen Problemen erzählen. Deshalb habe ich mir zwei Freundinnen gesucht, mit denen ich alles bespreche. Sie geben mir die Sicherheit, die Benno mir nicht mehr gibt.

Benno redet gar nicht mehr und geht seinen Weg allein. Ich habe immer ganz viel gehofft, daß Benno wieder so funktioniert, wie ich ihn will.

Er soll mir wieder Sicherheit geben, darum geht es mir.

Viel mehr Anspruch habe ich gar nicht mehr.

Jetzt spinnt Benno total und will ein Objekt kaufen, damit er das perfekte Familienbild abrunden kann. Ich fühle, daß er es für sich kauft und dann gewinnbringend weiter verkaufen will.

Eines Tages sagt er mir, die Maklerin gibt ihm das Haus jetzt so günstig, daß er, egal was ich sage, das Haus kauft. Er kann auf mich nicht länger Rücksicht nehmen.

B.: Jetzt hänge ich auch noch den emanzipierten Mann heraus und bestehe auf familiäre Gütergemeinschaft.

Ich lege großen Wert auf familiäre Ordnung.

Im Urlaub planen wir dann den Umbau unseres Hauses, was danach wieder verkauft werden soll.

Jetzt ist meine Angestellten-Zeit herum, ich arbeite als freier Mitarbeiter in Zürich und Walldorf, damit ich den Übergang in die Selbständigkeit schaffe.

M.: Jetzt fühlt sich Benno wieder wohler, weil er sich weltoffener bewegen kann und aus dem engen Nest heraus kommt. Wenn Benno sich wohl fühlt, fühle ich mich auch wohl. Ich mache mein Wohlfühlbarometer von seinem Gefühlsleben abhängig. Ich bin immer happy, wenn es ihm gut geht, denn dann haben wir immer eine schöne Zeit. Die nächtlichen Aktionen, wo er im Bett ängstlich hochschreckt, nerven mich mehr und mehr. Wir fragen ärztlich nach, woher das kommt, analysieren das Symptom und suchen, suchen von außen nach einem Grund. Benno läßt sich von noch mehr Ärzten durchchecken und keiner findet körperliche Störfelder. Benno glaubt, daß die Enge in seiner Brust und das heftige druckartige Herzklopfen die Auswirkungen seiner enttäuschten, unglücklichen Kindheit sind. Er macht sich Tag und Nacht Sorgen.

Jetzt wo Benno Sebastian's Art heranwachsen sieht, fühlt er sich wieder als Kind und spürt dieses erbärmliche Einsamkeitsgefühl seiner Kindheit.

B.: Ich will mein Kind vor diesen Gefühlen und vor diesem Leid schützen und mein Sohn soll eine bessere Kindheit haben. Sobald Sebastian alleine spielt oder allein etwas bewegt, projeziere ich sofort meine Einsamkeit, mein Leid, meinen Schmerz in sein Leben. Mein Sohn führt mich täglich an meine im Unterbewußtsein verdrängten Gefühle. Selbst meine Mutter erkennt das und spricht mich darauf an. Alle erkennen das Dilemma in dem ich stecke, nur ich will es nicht wahr haben. Ich wollte immer weg, immer weg in die Welt. Ich habe einen Onkel, der sechs Kinder hat und fährt sein Leben lang zur See. Dem fühle ich mich nah und so möchte ich auch am liebsten leben. Der hat nämlich beides: Eine Frau, die für ihn da ist und ihn liebt und sechs Kinder, auf die er sehr stolz ist, und die große weite Welt. Eines Tages stehe ich sehnsuchtsvoll in Dänemark am Meer, Marion fragt mich: „Zieht das Fernweh wieder?" Ich sage: „Ja" und träume mich in mein nächstes Leid. Marion sagt: „Da zieht die Sehnsucht in die große weite Welt und wir ziehen hier."

M.: Für mich ist es total bescheuert, was Benno sich da antut. Er denkt sich die große weite Welt schön und wenn er sie dann hat, leidet er Schmerzen und schürt neue Sehnsüchte.

Das ist in jedem Urlaub so.

Er erträgt die schöne weite Welt gar nicht.

Er hält sie gar nicht aus und braucht immer noch mehr schöne weite Welt.

B.: Ich glaube, daß das Schöne nur woanders ist und nie da, wo ich gerade bin. Nie bei mir!

Ich träume von einem schönen Leben und merke nicht, daß ich schon selbst mitten drin stehe. Wenn ich erst einmal studiere und ein unbeschwertes Studentenleben habe, dann geht das Leben erst richtig los. Als Student habe ich immer gedacht, wenn ich erst einmal mit meinem Studium fertig bin, eine Familie gründe und viel Geld verdiene, dann erfahre ich das wahre Leben. Wenn ich in Frankreich am Atlantik stehe, denke ich, in Italien am Mittelmeer ist es schöner. Wenn ich mich gerade für ein schönes neues Auto entschieden habe, überlege ich sofort, ob nicht doch ein anderes Modell besser wäre. Ich habe mir das ganze Leben diese Lebensphobie geschaffen, damit ich leiden kann. Ich muß nämlich das ganze Leid der Welt auf meinem Rücken herumtragen, bis mein Kreuz schmerzt und mich lahm legt ...
und das Leben läuft munter an mir vorbei!

M.: Bennos Attacken werden nachts häufiger und heftiger und verlagern sich auf den Tag.

B.: Als ich die Zulassung als Architekt bekomme, feier ich mit mir und gönne mir eine Brise Koks. Das wollte ich schon immer mal probieren und dieser Anlaß ist mir groß genug dafür. Dieses beflügelte Gefühl reicht mir noch nicht und ich gehe mit meiner Arbeitskollegin in ein Eiscafe, reden und trinken Wein. Auf einmal d o n n e r t es durch meinen Körper. Ich muß das Eiscafe blitzschnell und schlagartig verlassen, weil ich heftiges Herzrasen habe.

Ich renne wie ein gehetzter Tiger eine Stunde vor der Arztpraxis hin und her, gehe aber nicht hinein, da ich ja Koks genommen habe. Ich denke, nicht das ich noch Schwierigkeiten bekomme, und gehe heim.

M.: An meiner Haustür klingelt eine Frau, die ich vom Sehen her kenne und will mich schonen. „Reg Dich bitte nicht auf, es ist nichts passiert, es geht ihm wieder gut, nur er kann kein Auto mehr fahren. Astrid bringt ihn heim, weil er heftiges Herzrasen hat."

Das ist neu für mich.

Ich sehe meinen schrecklich leidenden Mann in absoluter Schonhaltung, total verängstigt. Ich war schon müde von diesen ewigen Leiden und habe langsam keine Kraft mehr für seine Verantwortung. Ich habe mich oft vor ihn gestellt und alles von ihm abgeschottet. Damit habe ich mich abgeschottet und das kann ich jetzt auch nicht mehr ertragen. Benno schottet sich von allen Freunden und Bekannten ab, will von keinem mehr was wissen. Jetzt will er nur noch Familie und damit basta! Mir reicht das nicht, ich bin das Leid leid und bin nicht länger bereit, ihn vor den Anderen in den Schutz nehmen. In mir kommt mehr und mehr Wut und Haß hoch, weil auch ich mich hinter unserer erdachten Pseudo-Idylle verstecke. Wir fahren die nächste Woche in den Urlaub, damit wir mal wieder Ruhe haben. Jetzt haben wir analysiert und viel gesprochen. Eigentlich ist ja d o c h alles wunderschön und kitten weiter unser Familientrugbild.

In den Schweizer Bergen ist es wunderschön und Benno fährt am dritten Tag beruflich nach Zürich.

B.: Auf der Fahrt nach Zürich wird es mit jedem Kilometer in meiner Brust enger. Als ich dort ankomme, habe ich das Gefühl: Die Häuser stürzen links und rechts auf mich herein. Ich schaffe es gerade noch ins Büro und als mich mein Chef sieht, fragt er nur noch: „Was ist los?" und ruft sofort den Notarzt. Ich fühle, daß meine letzte Stunde geschlagen hat, nur die doofen medizinischen Instrumente zeigen keine Störungen! Zur Sicherheit nehmen sie mich trotzdem mit ins Krankenhaus und erst als ich in der sicheren Umgebung des Krankenhauses bin, sind meine Symptome weg.

Der sympathische Arzt sagt mir, ich sei völlig gesund: „Räumen sie mal in Ihrem Kopf auf!"

Als mich mein Chef im Krankenhaus abholt und wir in sein Haus fahren, geht die Enge in der Brust schon wieder los. Ich rufe Marion an, daß sie mich hier abholt, weil ich mich nicht traue, wieder in das Auto steigen. Marion ist erschrocken, obwohl sie geahnt hat, daß etwas passiert. Sie holt mich am nächsten Tag bei meinem Chef ab und so muß ich die Nacht bei ihm durchhalten. In dieser Nacht habe ich das erste Mal die Verlust-Angst, daß ich meine Familie nie wieder sehe.

Jetzt sehe ich meiner Angst offen ins Gesicht!

M.: Als Benno und ich im Auto sitzen, legt er sich in meinen Arm und weint.

Endlich platzt sein Gefühlsknoten.

Die Anspannung ist sichtbar und ich fühle mich erleichtert, daß Benno sich mir offenbart.

Jetzt fühlen wir uns wieder ganz nah und essen in einem wunderschönen Seerestaurant.

Wir erleben, was lange nicht mehr möglich war. Jeder erzählt seine Gefühlswelt, seine Sicht und seine Ängste. Mit dieser Ehrlichkeit fülle ich zum zigsten Mal meine rosanen Wölkchen. Endlich fühle ich wieder Sicherheit mit ihm.

Abends im Bett genießen wir uns und ich spüre dieses Besondere, dieses Andere, daß wir für einander bestimmt sind und daß wir hier auf der Erde einen besonderen Auftrag miteinander haben. Das Glück hält nur kurz und zwei Tage später erlebt Benno die nächste Attacke. Der Bergdoktor wird gerufen, untersucht ihn, findet wie immer nichts und gibt Valium zur Beruhigung. Meine Mutter sagt: „Benno, Du hast nichts am Herz, Du hast eine Depression."

B.: Ich doch nicht, das glaube ich nicht, ich doch nicht, ich bin doch so ein lebensfroher Mensch!

Als wir heimfahren, lege ich den absoluten Schongang ein. Lege mich eine Woche in den Garten, esse und trinke nur das Nötigste, weil ich Angst habe, daß mein Herz davon belastet wird. Ich bin total verwirrt und kann gar nichts mehr sortieren. Statt dessen kontrolliere ich mein Leben komplett, damit die Angst mir noch mehr schadet! Ich beschäftige mich mit positivem Leben, mit Weltoffenheitsbüchern und lese, lese, lese ...

Marion wimmelt alles ab, damit ich meine Ruhe habe. Wir besuchen unsere Heilpraktikerin, die auch mit meiner Situation überfordert ist.

Sie sieht uns ängstlich an und verweist uns an einen ganzheitlich orientierten Facharzt. Dieser Arzt macht Kinesiologie-Untersuchungen und zeigt uns somit, wo unsere schön gedachte Partnerschaft steht. Er macht uns die partnerschaftlich subtil versteckten Verknüpfungen deutlich.

Das haut rein!

Er macht uns klar, daß der Druck auf Bennos Brust von Marion unbewußt unterschwellig gesendet wird.

Wieso Marion?

Die ist doch so offen, die redet doch über alles.
Der Arzt lacht und sagt: „Nicht wirklich, sie spricht Gedanken und nicht von sich selbst."

M.: Jetzt ist mein verlogener, unbewußt verdrängter Knoten offengelegt und diese Lebenslüge macht mich traurig. Nur Benno ist erleichtert, als der Doc m i c h schuldig spricht.

Gott sei Dank ist e r nicht der Allein-Schuldige!

Boh, das sitzt!

Wir denken, unsere Ehelüge ist offen und sind erleichtert mit unserer schmerzlichen Verlogenheit.

B.: Es ist erstaunlich, daß der Arzt Marion mit in mein Krankheitsboot zieht. Marion heult und sie fühlt ihr unbewußtes Machtspiel entlarvt. Doch nach einer Woche wieder Herzrasen und notarztmäßig ins Krankenhaus. Dieses Mal behalten sie mich eine Woche da, checken mich herztechnisch durch und finden wieder nichts.

Trotzdem verordnen sie mir Betablocker für mein gesundes, rasendes Herz.

Ich verstehe überhaupt nicht, warum ich als gesunder Mensch diese massiv angreifenden Medikamente nehmen soll und ich verstecke sie im Nachtschrank.

Als der Arzt das sieht, ist er total sauer und legt mir nahe, daß ich gehe!

Das Langzeit-EKG nehme ich mit heim.

Hoffentlich zeigt die Langzeitüberwachung endlich doch Störungen, damit alle sehen, daß ich kein Simulant bin. Das Kuriose ist, daß mein Herzdruck sich einfach eine neue Stelle sucht und somit der Kontroll-Maschine ausweicht.

Als ich das erkenne, bin ich so verwirrt, daß ich gar nichts mehr raffe.

Was ist los mit mir?

Ich stehe mitten in der Nacht vor dem Spiegel und erkenne mein Spiegelbild nicht. Ich zittere und schlottere vor Verzweiflung.

Am nächsten Morgen an Himmelfahrt wache ich auf, bin wie gelähmt, heule an einem Stück. Trotz aller Verwirrung ist mir klar. Jetzt muß ich weg, jetzt muß was passieren, jetzt muß ich hier raus!

Das sind alles nur Kinkerlitzchen, jetzt will ich Fakten und was sehen, sonst werde ich verrückt.

So ganz nebenbei verbrüht sich unser Sohn Sebastian mit heißem Kaffee die Herzbrust.

Er zeigt mir wiedermal, wie mein Herz brennt. Ich rufe sofort in der Kurklinik an und fahre noch am gleichen Tag dort hin.

Der Arzt läßt mich einfach nur in Ruhe.

Er spielt mein angestrengt suchendes Kranksein-Spiel nicht mit und läßt mich einfach gewähren. Für ihn ist klar, medizinisch ist da nichts. Ich jammere, daß er mein Spiel keine Sekunde mitmacht. Das verblüfft mich. Jetzt weiß ich, daß ich selber tun muß, wenn sich bei mir etwas ändern soll. Er sagt immer. „T u was Du willst, t u was! Ich habe kein Rezept!"

Ich weiß nicht, was er will!

Meine Logik setzt aus, die medizinischen Zusammenhänge brechen weg und nichts passiert. Ich habe nur Angst, wenn ich nach drei Wochen die Kur verlasse und sich nichts geändert hat.

M.: Ich organisiere und manage Bennos Bauleitungen. Gleichzeitig baue ich unser Projekt weiter und unser finanzieller Engpass zwingt uns, daß wir selber in das Haus einziehen müssen. Oh Gott ... in diesem engen Haus wollte ich doch niemals wohnen. Es macht mir große Sorgen, wie wir die Kur bezahlen sollen, weil unsere Krankenkasse das nicht zahlt. Ich gehe dort hin und mache ihnen klar, daß es bei meinem Mann nicht um eine Scharlatan-Kur geht, sondern das er ein Notfall ist.

Der Chef in Zürich zahlt kein weiteres Gehalt, die ausstehenden Kosten wachsen uns über den Kopf. Uns droht der finanzielle Kollaps.

Ich fühle massive Existenzangst, habe Bauchweh, kann nicht mehr essen und schlafen.

Der Haushalt, die Kinder und der kranke Mann machen mich fertig.

Jetzt oute ich mich und gehe nach vorn.

Gehe auf die Bank, regel unsere Finanzen, bekomme das Geld von der Krankenkasse und der große Scherbenhaufen löst sich von selbst.

Jetzt sind auf einmal auch unsere alten Freunde, meine Eltern wieder da, die mir helfen und mir Freiraum schaffen.

Wir ziehen in unser Haus, Benno kommt aus der Klinik und legt wieder Mal den Schongang ein. Er hat große Probleme, selbst die Verantwortung für sich z u übernehmen. Während dieser Zeit lesen wir viel von Familienaufstellung, positiven Affirmationsgedanken, vollwertiger Ernährung und esoterischen Rat ...schlägen. Wir legen Wert auf gesunde, naturbelassene, unbelastete Bio-Kost. Wir klammern uns an jeden Strohhalm, der uns uns näher bringt. Wir lassen uns wunderbar ablenken, hören auf alles, nur nicht a u f uns s e l b s t!

Bei dem großen Aufwand und den vielen Bemühungen fühlen wir uns nur kurze Zeit wohler. Unser Leben plätschert weiter dahin.

Wir haben viel erkannt, es hat sich schon einiges v e r ä n d e r t, doch der Kern des Leidens und des Mangels ist nicht geknackt. Wir knackten die eine oder andere Nuß und trampelten kräftig darauf herum.
Doch irgend etwas - die Essenz - fehlt.

Im Februar, als es mir immer noch nicht besser geht, gibt mir meine Heilpraktikerin Brigitte ein Buch, wo ich von Spontanheilung und emotionaler Cell-Reinigung lese.

Das finde ich toll!

Obwohl ich es nicht kenne, es nicht selbst erlebt habe, bin ich total begeistert und erzähle jedem Menschen davon. Es läßt mich nicht mehr los und beim nächsten Treffen mit Brigitte gibt sie mir das Re-Light Handbuch, was sie unbedingt heute Abend wieder haben will. Ich gehe heim, lese direkt los, schalte den Kindern den Fernseher ein, damit ich in Ruhe lesen kann. Jetzt überfällt mich meine Panik, weil ich das Buch heute Abend wieder abgeben muß. Sofort rufe ich in Köln an und bestelle das Buch für mich selbst. Mein Herz schlägt bis hinter meine Ohren, wie bei einer Prüfung. Ich erzähle der Frau am Telefon einfach von meiner Aufgeregtheit. Hier geht es jetzt wirklich um mich.

Um m i c h ganz allein geht es hier.

Direkt danach packe ich die einhundertzwanzig Mark für das Fach-Buch separat in eine Schublade, daß auch j a das Geld dafür bereit liegt, wenn das Buch ankommt. Zwei Tage später ist es da, lege es unausgepackt auf die Truhe, und schleiche um meinen Schatz herum. Ich weiß nach einigen Seiten, daß ich auf die Insel gehe und das Re-Light Handwerk erleben will.

B.: Ich fühle, daß sich bei Marion was tut und will das Buch auch lesen. Sie gibt es mir aber nicht. Sie behandelt das Buch wie ihren persönlichen Schatz. Sie beschützt das Buch wie die Auster ihre Perle und sagt: „Bestell Dir selber ein Buch." Ich fühle: Oh, jetzt passiert was ganz Großes!

Alarmstufe R o t - jetzt darf ich den Anschluß nicht verpassen und bestelle mir am nächsten Tag das Buch für mich allein. Ich lese es erst im Urlaub an meinem Geburtstag allein am Strand und höre die CD.

Hinterher geht es mir einfach nur scheiße.

Es ist so scheiße, daß mein Kopf total matschig durcheiert. Das ist die Achterbahn meiner unterdrückten Angst und der Schweiß steht mir im Gesicht. Gut, daß ich mich mit Marion austauschen kann. Ich denke, Marion hat ein ganz anderes Buch gelesen. Meine emotionale Verstopfung hindert mich noch, daß ich den Kern des Buches sehe. Aber trotzdem ist mir von Anfang an klar, da gehe ich hin. Ich muß ja was tun! Auch mein zweifelndes Scheiß-Gefühl hält mich dieses Mal nicht ab.

Marion und ich sitzen auf Gomera und sie denkt sich, was mache ich hier, warum bin ich nicht direkt auf den nächsten Kurs gegangen?

M.: Jetzt muß ich noch bis Juni aushalten.

Eine Woche vor dem Kurs tigere ich daheim auf und ab, habe Bauchweh und meine Angst macht mich ganz hibbelig. Ich sage niemandem etwas davon, ich missioniere nicht, weil ich Angst habe, daß sie mir das Erlebnis kaputtmachen und ich mein Gefühl verteidigt diskutieren muß.

Ich fahre da hin - und fertig.

Als ich dann fliege, lasse ich mich von einer Freundin an den Flughafen bringen und der Abschied von Benno ist ganz anders. Ich weiß wirklich nicht, wie ich wieder komme. Packe ich danach meine Koffer und gehe meinen Weg? Oder gibt es ein ganz neues Miteinander?

Mir geht es nur noch um eines, daß ich wieder ICH SELBST BIN!

Ich laufe ja seit Jahren nur noch vollautomatisiert funktionierend als Hülle in mir herum und habe große Sehnsucht nach mir SELBST.

Ich sitze im Kurs und denke, jetzt kommt erst einmal eine Einführung. Dann sehen wir Hannes im Rollstuhl und beide Stuhl-Seiten rutschen weg. Jeder macht dem Behinderten Platz. Elisa schreit sofort: „Was tut Ihr da, geht direkt jeder wieder an seinen Platz." Sie packt Hannes an seine Schulter und sagt ihm: „Wenn Du Platz brauchst, dann mußt Du Dir den fordern und nicht mit Deiner erbärmlichen Behinderung ködern, damit alle vollautomatisiert springen."

Au scheiße!

Es geht gleich richtig los!

Kein nettes Hallo, kein Händeschütteln, keine Namen, keine soziale Etikette und keine Schonfrist!

Dann sehe ich die neunjährige epileptische Jasmin mit ihrer Mutter und ich habe Angst vor ihrer Behinderung. Elisa macht ihnen ruck zuck das Machtspiel klar, was zwischen Mutter und Tochter sekündlich abläuft. Wir sehen alle, daß sich die Mutter hinter der Behinderung ihrer Tochter versteckt. Damit ihre eigene unbewußte Behinderungsart nicht sichtbar wird. Elisa spricht mit der behinderten Jasmin ganz normal und erlaubt ihr keine Lallerei. Mit ihrer Mutter lallt sie weiter und mit uns spricht sie verständlich. Oh, wie macht Elisa das, wofür Andere jahrelange Therapie brauchen, dreht sie in Minuten um. Ich bin begeistert, wie einfach und schnell das neujährige Kind dieses Handwerk umsetzt. Ich sehe ganz deutlich, daß die Mutter die Klarheit von Jasmin nicht erträgt und sie immer wieder in die Abhängigkeit reißt. Alle spüren das und der Druck, die behinderte Macht z u verlieren, erträgt die Mutter nicht länger. Das Kind fühlt sich wohl bei uns. Nur die Mutter reißt sich am nächsten Tag das Kind und sagt: „Das ist nichts für Jasmin, sie ist noch z u klein" und verläßt mit Jasmin im Schlepptau den Raum.

Jasmin wollte bleiben.

Da erkenne ich das Machtspiel mit meinen Kindern. Obwohl ich es nach außen immer gut mit meinen Kindern meine, erkenne ich jetzt hier meine Macht ü b e r sie. Wie ich meine Kinder seit Jahren erziehungsmäßig in Abhängigkeit halte, damit ich fühle, daß ich gebraucht werde und meinen sozialen Platz sichere.

Die Angst vor meinem Machtverlust d o n n e r t durch meinen Körper und meine Glieder zittern.

Es sind einige Paare im Kurs und ich bin froh, daß ich allein hier bin, sonst müßte ich mich direkt stellen. Elisa deckt die Lüge, die Versteckspiele und die Strategien mit den vorhandenen Partnern auf. Das ist ja genau mein Ding. Mist, ich bin extra allein gekommen, damit es nicht so weh tut.

Ich erlebe, wie Menschen ihre Ehe im Außen zeigen, und wie sie sie tatsächlich leben.

Der Mann im Rollstuhl ist gut getarnt als Spanner und geilt die Mädels auf seine verachtende Art und Weise an. Das merkt normalerweise keiner, weil er ja seinen Rollstuhl hat. Elisa macht Hannes seine Masken bewußt. Ich und einige andere Frauen, die er seit zwei Tagen angiert, stürzen sich wie Hyänen auf ihn, reißen ihm die Masken ab, und e n t h r o n e n ihn.

Er liegt geschockt auf dem Boden, seine Frau ist fix und fertig und keiner weiß, was hier passiert. Hannes ist das erste Mal ehrlich, seine Glieder beben, in seinen Augen sehen wir Leben und er ist "Hannes". Jetzt ist die verachtende, aggressive Masse zart und echt wie ein Baby. Ich sehe ihn friedvoll und meine Verachtung für ihn ist weg. Seiner Frau T. ist jetzt bewußt, welche Machtspiele s i e jeden Tag braucht, damit sie ihre eigene unbewußt versteckte Tyrannei erlebt. Da diese Mechanismen unbewußt ablaufen, nehmen wir sie nicht wahr und schaffen immer neues Leid. Ich fühle mich jeden Tag wie der Christbaum vom Rockefeller Plaza mit zwanzigtausend Lichtern der Erkenntnis, die ich nacheinander anzünde.

Jetzt mache ich mein Cell Cleaning und sehe meine Riesen Angst. Gleichzeitig freut mich der Kontakt meiner Billionen Körpercellen.

Elisa sagt mir, sprich das Wort "eng" und beim aussprechen hat es in meinem ganzen Körper geknallt. Alles ist mir eng, z u eng.

Die Enge sitzt in jeder Celle und ich sehe einen Riesen Felsen, der mir den Raum nimmt und für mich kein Platz da ist. Ich gehe noch mehr in das Gefühl der Enge und mein Mund geht zu, daß ich kein Wort mehr sprechen kann. Jetzt ist die Enge emotional lebendig und die Bindung mit der Enge ist gelöst. Ich nutze das Handwerk, der Stein wird kleiner und kleiner, bis er chemisch aufgelöst ist. Endlich ist wieder Platz für m i c h. Jetzt bin ich wieder drin, wieder da, ich habe mich wieder und kann nicht glauben, daß es so einfach ist und die Wirkung so groß.

Ich erlebe pure Freude mit mir ...

In diesen fünf Tagen ist mir klar, daß die Communication eine eigene Schwingung hat.

Zwei Menschen sprechen einen Satz und der Andere wiederholt fünf Mal das Gesprochene.

Ich bin platt, wieviel unnötigen Müll wir in das Reden bringen. Wie unklar wir reden. Wieviel Worte wir benutzen, damit der Andere mich versteht. Wie uns Wortfloskeln umgarnen und uns die Lebenskraft rauben. Ich erlebe, es ist ganz egal, aus welchen Motivationsgründen die Menschen hier im Kurs sitzen. Ob sie an Krebs erkrankt sind, ob sie MS haben, ob sie chronische Krankheiten haben, ob sie eingebildete Krankheiten haben, ob sie gesund sind, ob sie Partnerschaftskonflikte haben, ob sie eine Krise durchleben oder Arbeitsplatzverlust erleben oder einfach n u r einen Knall haben!

Egal was sie hier hin geführt hat.

Jeder muß sein EIGENES klären, wo er sich selber hingebracht hat. Jeder muß seinen unbewußt emotionalen Verdrängungsmechanismus öffnen, damit der w i r k l i c h t e Kern sichtbar und lebbar ist.

Wenn es einen Unterschied gibt, ist es der, daß die körperlich Gezeichneten weniger Zeit haben.

Als der Kurs fertig ist, bleibe ich noch zwei Tage und fühle mich unsicher wie ein tapsiges Reh, was gerade Laufen lernt.

Das Handwerk ausprobieren mit den anderen Kursteilnehmern macht mir viel Spaß, weil die ja wissen, worum es geht.

Ich habe ein bißchen Angst nach Hause gehen, weil die ja nicht wissen, was ich hier eine Woche erlebt habe. Eines weiß ich genau, daß ich mir diese riesengroße Freiheit nie mehr - von niemandem - nehmen lasse!

ICH LEBE JETZT MEINE ART

fliege nach Hause und setze mein erlebtes Handwerk ein.

Benno ist jetzt nicht länger mein projeziertes Leid. Er ist mein größter Herausforderer, mein Geschenk, egal ob die Situation positiv oder negativ ist. Er zeigt mir am deutlichsten die Programme, die ich emotional unbewußt am tiefsten versteckt habe.

Von wegen Friede, Freude, Eierkuchen wie früher! Jetzt sind wir ehrlich miteinander und erfüllen uns mit allem was wir erleben. Die Kinder sind kurze Zeit trotzig, ich lasse sie stehen, sie merken, daß sie keine Macht mehr über mich haben und setze einfach das Handwerk ein.

Das geht ganz einfach, egal welche Emotion hoch kommt: Ob Wut, Leid, Haß, Liebe, Freude, Trauer, Zärtlichkeit, Druck ... jetzt darf alles sein und ich brauche nichts verstecken.

Jetzt bin ich selber mein bester Partner und erlebe meinen Partner, meine Kinder, meine Liebsten bewußt, so wie sie sind!

B.: Als ich Marion so wach erlebe, ist mir klar, daß ich da auch hin will. Ich habe Flugangst, deshalb glaube ich, daß es irgendwie doch nicht möglich ist und hampele herum. Ich merke schon, daß ich nur nach Ausreden suche und stelle mich trotz meiner Angst. Siehe da, der Himmel tut sich auf und ich lasse mich in Köln wach küssen!

Oh, daß habe ich mir bestellt, es läuft ja schon!

Ich sitze im Kurs und da ich ja schon so viel von Brigitte und Marion weiß, fühle ich mich allen voraus und überlegen.

Elisa spielt das auch eine halbe Stunde mit und dann d o n n e r t mir die Arroganzbremse von Susanne in den Magen.

Meine gespielte Sicherheit ist mit diesem Schlag dahin und hänge voll in meiner Unsicherheit. Das macht mich nackend und ich lande unsanft auf dem Boden der Tatsachen. Jetzt bin ich erst fähig, jetzt sind meine Augen erst auf, jetzt bin ich erst richtig da und erlebe was hier abläuft.

Ich sitze wie ein hilfloses Kind auf meinem Stuhl und beobachte die vielschichtige emotionale große weite Welt.

Nach zwei Tagen explodiert meine Angst.

Obwohl ich Sekundenkleber am Hintern habe, sprenge ich meine eingesperrten Cell-Atome und springe auf. Ich will mir die unerträgliche Angst vom Leibe reißen und reiße mir mein Hemd vom Körper.

Boh ... so viel Emotionen kenne ich gar nicht von mir!

So viel Emotionen habe ich mir nie erlaubt.

Diese Gefühlsausbrüche hat mir meine harmonische Welt nicht erlaubt.
Dieser Vulkanausbruch macht mich mit vierunddreißig Jahren das erste Mal echt.
Der Raum ist mucksmäuschenstill, weil sie alle ihre eigene Druckwelle erlebt haben. Jetzt weiß ich, daß ich einfach pur sein darf und mir nichts dabei passiert.
Am Mittwoch geht mir Frau Hut gewaltig auf den Zeiger. Sie verehrt mich für meine Angst. Ach so geht das: Für mein Leid bekomme ich jetzt auch noch Anerkennung!
Stell dir das mal vor ...

Boh ... ich bringe mich um mit meinem Druck und diese Frau vergöttert und lobt mich dafür ...

Das reicht ...

Ich packe sie mir, damit sie meinen tödlichen Druck fühlt und erlebt. Dann setzt sie sich hinter mich und zockt mich von hinten wie behämmert ab. Nach einer Weile ertrage ich den hinterpfotzigen Druck im Rücken nicht mehr und hämmere auf sie ein. Das reicht ihr immer noch nicht und ich bekomme Verstärkung aus der Gruppe. Es ist unfaßbar, wie dumpf diese Frau ist und das zeigt mir, wie dumpf ich mich mein Leben lang selber gestellt habe. Die Frau kapiert gar nicht, worum es hier geht und behauptet, daß sie keine Angst und keinen Druck kennt.

- Sie hat nur ein b i ß c h e n   K r e b s -

Das Maß der eigener Mißachtung übersteigt alles.

Jetzt erkenne ich die vielen emotionalen Kleinaktionen meiner Kurskollegen, nutze die Geschenke und kläre sie.

Abends gehen wir in die Kneipe und davor steht mein Traumauto. Ich fühle die Emotion, gehe weiter und es brodelt gewaltig in mir. Danach erzähle ich Elisa, daß eine Person im Raum ist, die ganz viel Emotionen in mir auslöst. Elisa sagt mir, nicht nachdenken, schnapp sie Dir und erlebe Deine Emotion. Wir trinken noch ein Bier und Elisa ruft Tschüß. Sie steigt ausgerechnet in "MEIN" Auto. Da packt mich mein "Kleinmachen" und ich spüre meine Selbstverachtung. Sie rast davon und ich möchte am liebsten einen Mülleimer auf das Auto hinter ihr her werfen.

Ich fühle, daß ist doch meins ...

Ausgerechnet die ...!

Ist doch klar, daß d i e mir das zeigen muß, welches Auto ich wert w ä ä ä r e ...

Am nächsten Tag praktiziere ich wieder Sekundenkleber am Hintern, renne oft auf Toilette, bin unruhig und als ich wieder in den Raum komme, fordert mich Elisa: „Pack sie Dir!" Geladen wie ich bin, hochexplosiv zerre ich Susanne vom Stuhl und will alles aus ihr heraus pressen. Sie wehrt sich und wir kämpfen um die Macht. Jetzt ist mein Tabu gebrochen. Mit schönen, zierlichen Frauen kämpfen, das tut Man-n ja nicht. Heute habe ich diese Grenze überschritten und es hat keinem weh getan, statt dessen fühlen wir uns emotional frei erleichtert. Wir schnaufen durch und sind jetzt offen für einander.

Jetzt weiß ich, was Elisa die ganze Zeit mit diesem Handwerk meint.

Intellektuell wa-h-r das für mich nicht faßbar.

Ich sitze mittags mit Andrea in dem sonnigen Eiscafe und als ich bewußt nicht auf ihre Verschlossenheit reagiere, geht sie.

Mich freut meine Erkenntnis und erlebe, genieße seit langem mal wieder das "ganz mit mir Alleinsein-Gefühl."

Ich fahre heim und erzähle Marion vom Kurs und daß ich mich sehr von Susanne angezogen fühle. Marion springt sofort in ihr Eifersuchts-Programm und grabscht wie ein Tintenfisch nach mir.

Marion sagt: „Das ist ja ein besonderes Geschenk, was Du mir da präsentierst."

M.: Diese alt eingefahrene Verlustangst packe ich nicht gleich an, das Päckchen trage ich noch ein bißchen mit mir herum, weil ich Herzeleid haben will.

B.: Sie krakt noch eine Woche an mir herum und mit meiner jetzigen Sicherheit kann sie mich nicht greifen.

M.: Ich will jetzt meine Bescherung erleben und das Päckchen öffnen. Ich will das alleine nicht schaffen und plane mit einer Freundin die Reise nach München, damit ich auf dem Inseltreffen mein schweres Geschenk-Paket mit Elisa öffne. Ich erzähle das Benno, und er will nicht mit den Kindern allein sein. Ich fühle viel Wut und streite mit Benno. Das ist ja wieder das alte Spiel, daß er immer noch keine Verantwortung übernehmen will. Bloß nicht die gleiche Scheiße wie früher! Wir sind froh, daß wir dieses emotional unterlegte Durcheinander jetzt erkennen und jeder setzt für sich das Handwerk ein. N u r s o können wir offen weiter reden. Ich merke, wie tief ich fest hänge und rufe Elisa an. Sie sagt mir: „Laß Benno in Ruhe und mach Deins ... Wenn Du nach München fahren willst, dann fahre und packe Deine Kinder ein. Du machst Dich wieder von Bennos Entscheidung abhängig." Das hat bei mir so geklickt und ich merke, daß ich mein Nichttun immer auf Benno projeziere, damit ich sicher bin, daß ich auch wirklich nichts tun muß. Diese Erkenntnis ist so ein großer Meilenstein und macht mich noch freier. Ich rase mit meiner Erkenntnis nach oben, erzähle sie Benno und ich freue mich. Nach München brauche ich nicht mehr fahren. Ich kann jedes Päckchen nur im Augenblick der Emotion öffnen und nicht pauschal analysieren.

B.: Ich freue mich, daß ich so konsequent bei meiner Einstellung geblieben bin. Das macht sich besonders in den folgenden Wochen in meinem Beruf bemerkbar. Ich werde oft geprüft, ob ich wieder in die Falle meines alten "Kleinmach-Angst-Programms" springe oder ob ich an meine qualifizierte Fähigkeit glaube. Die Gradwanderung ist rasierklinge-l-scharf.

Marion und ich erkennen in alltäglichen minimalen Kleinigkeiten so viele Veränderungen, die jeder für sich als eigene Erfüllung nutzt.

Im Detail erkenne ich die wahre Freude.

Wir können uns heute beide vollkommene Ehrlichkeit leisten, keiner muß den Anderen schonen und es gibt kein, wirklich kein Geheimnis - G e h   h e i m!
Heute hat jeder so viel Selbstachtung für sich, daß es keiner von uns nötig hat, den Anderen mit Elend, Kummer, Leid oder Liebesentzug dopen. Das absolut ehrlich offene Miteinander ist heute die Essenz unserer Partnerschaft.

M.: Ich weiß heute, daß ich mein ganzes Leben geglaubt habe, nur wenn ich funktioniere auch Anerkennung verdient habe. Indem ich Anderen alles recht mache und toll genug für sie bin, werde ich geliebt und gesellschaftlich anerkannt.

Ich habe nicht einmal gemerkt, daß ich jede Anerkennung,

jede Streicheleinheit,

gute Gefühle,

Liebkosungen,

beliebt sein,

immer toll und perfekt sein,

tolle Mutter sein,

schöne Frau sein,

loyale Freundin sein,

spektakulären Beruf haben ... nur Köder für die ANDEREN waren und meine Lebenskraft dabei verpufft ist.

Deshalb bin ich so ausgebrannt, leer und habe meine wahrlichte Existenz verloren.

Nur so wahr die gigantisch große Existenzangst möglich.

Schön gedachtes Elendsviertel L I E B E ... adieu!

Sie haben weniger Be-ziehung, dafür mehr Inhalt - Erfüllung.

Partnerschaft ist immer Projektionssache

Daheim verhungern die Frauen emotional und schreien nach Nähe, nach Zärtlichkeit und ihre Männer gehen in den Puff.

Männer wacht auf! Frauen wacht auf!

Diese Emotionale-Armut kennen alle.

Das emotionale MITEINANDER gibt Euch Flügel und den Geist für wirk-lichte LIEBE

Zitat eines Ehepaares.

Sind Sie für ihren Partner ein Geschenk ...?

Nörgeln Sie nicht an ihm herum!

Ihn nicht verändern wollen!

Legen Sie Ihre Eifersucht - Ihre Macht offen!

MÄRCHEN einer göttlichen Liebe

Tja ... Mein Vater sagt mir: „Du bist so häßlich, Du findest sowieso keinen Mann." Das hat bis heute gesessen. Aber genau das wollte ich.

Das war genau, was ich wollte ...

Einen Mann ...

Eine tiefe Liebesbeziehung ...

Erfüllte Sexualität ...

Intensive Gespräche über Gott und die Welt ... Einen Mann, bei dem ich mich geborgen fühle, bei dem ich geschützt bin. Mit neunzehn spricht mich EIN MANN nach der Theologie-Vorlesung an und lädt mich auf ein Verbindungsfest ein. Das finde ich wunderbar, so märchenhaft, so vom Himmel gefahren. Da kommt einfach EINER und lädt mich ein.

Klar ... gehe ich mit ...

Ich wäre nicht mit jedem gegangen. Denn im selben Sommer sitze ich am Ufer des Flusses, junge Männer kommen auf einem Boot vorbei und laden mich auch auf ein Fest ein. Natürlich gehe ich nicht mit, denn ich habe ja schon jemanden kennengelernt, dem will ich nicht untreu werden.
Ich will doch Gott näher kommen, es muß schon was Passendes sein, deshalb habe ich JA gesagt und bin gespannt auf das Verbindungsfest.
Wir tanzen miteinander, erleben unsere erste Disharmonie und treten uns wechselseitig auf den Füßen herum. Wir haben nicht den gleichen Rhythmus. Danach verliere ich ihn aus den Augen. Erst einige Wochen später treffen wir uns "zufällig" in der Uni wieder und danach sehen wir uns

häufiger. Machen Ausflüge, diskutieren intensiv und er ist mein Fachmann für Fragen nach Gott. Mit wem könnte ich diese Fragen glaubwürdiger bereden als mit einem angehenden Pfarrer? Am Ende des Sommersemesters erklärt er, daß er mich heiraten möchte. Wie schön, denke ich! Das ist das was ich will! Geheiratet werden und in einer intensiven geistigen und sexuell erfüllten Ehe glücklich sein! Ich habe das Gefühl, mein Traum erfüllt sich. Unsere erste sexuelle Begegnung ist ein guter Anfang und ich ahne, daß sich daraus noch mehr entwickeln kann. Das erste Mal bin ich geknickt als er mir erzählt, daß er in einem vorangegangenen Semester eine Freundin hatte, die meinen Vornamen trägt, aber körperlich üppiger ausgestattet war. Er macht mich minderwertig, unterlegen und als zweite Wahl.

Ich wäre so gern Marilyn Monroe gewesen, nur der Busen hat gefehlt. Am liebsten wäre ich Tänzerin im Moulin Rouge geworden, nur mein Vater hat beschlossen, daß ich Lehrerin am Gymnasium werde. Mit diesem z u t i e f s t passenden Mann, der MICH will, brauche ich kein Gymnasialstudium, da reicht ein Grundschul- und Realschulstudium. Der Märchenprinz ist es nicht, ich bin nicht im Gefühlsrausch, wir passen einfach, es ist so selbstverständlich, es stimmt, es ist richtig.

Wir wollen nach Hamburg gehen und heiraten, aber mein Vater besteht darauf, daß wir erst unser Studium fertig machen.

Wir beenden unser Studium.

Ich bin seinen Eltern, speziell seiner Mutter nicht gut genug, ich vermisse auch die zarte, tiefe Verbundenheit und habe Zweifel ...

Dennoch heirate ich ...

Drolligerweise bringt mein Vater bei der Hochzeitsfestbesprechung unsere Verlobungs-anzeigen mit, obwohl wir keine Verlobung wollen.
Darin ist der Name meiner zukünftigen Schwiegermutter falsch geschrieben und der

Standes-Dünkel-Krieg der Eltern wird offenbart.

Kaum verheiratet, falle ich in eine tiefe Enttäuschung. Ich bin als Lehrerin voll berufstätig, komme erschöpft nach Hause und mein Mann hat gerade gefrühstückt. Ich falle aus allen Wolken, sage nichts, weil ich mich verpflichtet fühle, trotz Berufstätigkeit und höheren Verdienstes unseren Haushalt führen. Ich hatte e r w a r t e t, daß wir diese Dinge miteinander machen. Ich traue mich nicht, ihm meine Enttäuschung zeigen, meine Wünsche kund tun. Stattdessen gehe ich innerlich auf Distanz und nach drei Monaten Ehe bin ich schwanger.

Mein schwarzer Tag, die Falle klappt zu!

Wie soll ich da jemals wieder rauskommen?
Mir ist bewußt, daß ich im All-Tag gelandet bin und meine Traumwelt von meiner Freiheit, Unabhängigkeit, Reisen dahin ist.

Ab jetzt kenne ich nur noch Pflichten ... und ver-schließe mir die weite Welt.

Mit dem Kaiserschnitt wird mir mein Sohn wirklich aus dem Leib gerissen. Ich sehe ihn erst am Abend neben mir im K ö r b c h e n liegen. Er schaut mich mit großen Augen an und ich fange Feuer für dieses neue Leben. Mein Mann und ich machen unser zweites Abschlußexamen und mein dumpfer All-Tag belastet mich.

Ich funktioniere einfach und mache mit.

Das Lebendigste in meinem Leben ist mein Kind. Obwohl immer mal wieder das Bedürfnis kommt, mit meinem Sohn an der Hand ein eigenes neues Leben beginnen, bleibe ich in der Ehe. Ich lege mir eine große Verantwortung auf, daß mein Kind gut heranwächst. Ich verstecke mich hinter meiner gesellschaftlichen Moral, ich will nicht, daß mein Kind ohne seinen Vater aufwächst.

Jetzt steige ich richtig ein und will das Beste daraus machen! Nur so wird auch die Sehnsucht von meiner heilen Familie erfüllt.

Unsere Ehe belebt sich, indem wir in einer Gruppe junger Theologen frischen Wind in ver-staubte Kirchentraditionen bringen.

Wir demonstrieren gegen den Schah, orientieren uns politisch, gesellschaftlich und setzen uns sozial für kleinere Schulklassen ein. Wir kämpfen gemeinsam gegen Altes, Verkrustetes, Überholtes.

Da unser Kind nicht allein aufwachsen soll, kommt nach drei Jahren ein Schwesterchen.

Immer wieder muß ich ertragen, daß mein Mann gerne nach anderen Frauen greift.

Ich vermute, daß er ein Verhältnis hat.
Mache den Mund wieder nicht auf und zeige mich in Aktionen. Aus Wut schneide ich meiner wunderschönen, riesengroßen, vollblühenden Azalee den Kopf ab und schneide Löcher in die Schlafzimmergardine. Ich platze vor Wut und halte den Mund. Ich habe Angst, daß ich mich vor ihm lächerlich mache und das ich mein Gesicht verliere. Ich erlebe immer neue Kränkungen und verpflichte ihn auf die Treue-Moral. Wir machen in unserer Wohnung eine WG auf und ein junges Paar mit einem Kind aus unserer privaten Kinderbetreuungsgruppe zieht ein. Ich verliebe mich in den attraktiven Vater. „Was mein Mann kann, das kann ich schon lange." Auch ich lasse die Moral dahin fahren und amüsiere mich. Als mein Fremdgehen heraus kommt, erfahre ich, daß wir den Anderen beiden nur zu-vor-gekommen sind.
Tja ... wir waren ein bißchen schneller. Jetzt packt mein Mann aus und gesteht mir sein Verhältnis mit einer anderen Frau vor einigen Jahren.

Ah ja ... hatte ich es doch gewußt!

Damit ist unsere Kommune geplatzt.

Ich frage mich ... was will ich noch mit dieser Ehe?

Ich befriedige mein Leben mit meinen Berufserfolgen und meinen lebendigen Kindern.
Vier mal wöchentlich gehe ich in eine echte Freudsche "Psychoanalyse" und will meine Identität finden. Was ich erlerne sind neue Lebensstrategien.

Im Grunde ist meine Ehe vorbei, doch ich habe eine Familie, die mein Heim und Halt ist. Unsere Ehejahre sind durchzogen von theologischen Diskussionen.
Damit ich Gott verstehe, ist es mir ein Bedürfnis, mit meinem Mann seine Predigten durcharbeiten. Unsere wunderschönen Familienurlaube genießen wir, haben Spaß an kulturgeschichtlichen Exkursionen und Freude an der Natur.
Als mein Mann dann das nächste Techtelmächtel beginnt, spreche ich das erste Mal von Scheidung.

Mein Mann will keine Scheidung!

Das zeigt mir, daß auch ihm viel an unserer Familie liegt!

Nach außen leben wir die reizende, liebevolle Familie und alles andere spielt sich hinter den Kulissen ab.

Wir ziehen jetzt in ein pfarr-herrliches Haus und in eine konventionell geprägte Gemeinde.

Wir wollen den Worten der Bibel nachspüren, die Tiefe des Glaubens erleben und diese Essenz in die Gemeinde bringen. Kurz darauf wird die zweite Pfarrstelle von einem wortgewaltigen Kollegen besetzt, der im alten Stil arbeitet.

Wir erkennen immer mehr, daß sich die Gemeinde mehr zum alten Stil hingezogen fühlt.

Wenn mein Mann jetzt ins Gemeindebüro geht, muß er an dem kläffenden Schäferhund seines Kollegen vorbei und durchlebt täglich neue Schrecken.

Seine Ängste und seine Unsicherheit lädt er bei mir ab. Ich bin noch nicht von der Schule daheim und schon steht er neben mir und erzählt seine neuesten Schreckensbilder.

Er sucht Unterstützung, Verständnis und Halt.
Ich höre mir seine Sorgen an und stehe in allen Lebenslagen
z u ihm. Diese Verantwortung erdrückt mich. Im dritten Jahr
wird mir das z u viel, ich bekomme Depressionen und habe
das Gefühl, ich lebe vier Leben:

Das Leben meines Mannes.

Das Leben meiner beiden Kinder.

Mein Leben.

Dieses V i e l e kann ich nicht länger durchhalten und mein
übriggebliebenes Leben muß ich neu ordnen.

Mein Lebensgefühl ist gedrosselt - wie Gehen im Wasser -

Ich will mein Leben in Fluß bringen und nach meinen
Bedürfnissen neu gestalten und ordnen. Ich mache meine
erste Flugreise und verbringe eine Woche Urlaub allein mit
mir. Ich fühle mich sehr wohl und das gibt mir Kraft für
meine Eigenständigkeit. Ich höre auf, unsere Problematik nur
bei mir suchen und ich bin stolz darauf, daß ich mein klares
analytisches Denken jetzt auch nach außen zeige. Ich mache
meinem Mann klar, daß er der Verlierer in diesem psychisch
belastenden, kollegialen Machtspiel sein wird und diese
Schwäche kann ich für ihn und für mich nicht ertragen.

Also fordere ich den Umzug in eine neue Stelle.

Ich nutze den Ortswechsel und trete heimlich aus der Kirche
aus. Meine Erwartung war es, mit einem Pfarrer an meiner
Seite Gott näher sein. Was ich mit meinem Mann und seinen
Kollegen bis heute erlebt habe, macht mir klar,

daß ich Gott bei den Theologen in der Kirche nicht finde. Da ist der Selbstbetrug auch nicht weniger als in der übrigen Welt.

Ich will Gott finden und gehe weiter.

Nachdem ich ausgetreten war, gucke ich auf der Straße nach rechts und links, ob meine Bestrafung kommt. Es bleibt alles ruhig und es passiert nichts, überhaupt nichts. Nur der nächst höhere Kirchenvorgesetzte bestellt mich zu einem Gespräch. Um meinen Mann nicht schaden, werfe ich mich der Lüge zum Fraß hin und trete wieder ein. Nun setze ich mich mit feministischer Theologie auseinander. Besuche Seminare und erkenne, daß auch diese Theologie mich Gott nicht näher bringt. Auch die große Göttin führt mich nicht zu Gott und wird als Faszination trommelnd im Hühnengrab begraben. Wenn es eine Religion gäbe, wäre das die Richtige für mich.

Als nächstes begeistert mich Bhagwan.

Ich suche die Verschmelzung mit einem liebenden geistigen Führer. Bevor ich nach Poona fahre, lese ich in einem Buch, wie brutal es in seinen Workshops ist. Ich bin ernüchtert und erspare mir die Reise. Jetzt habe ich die Idee, daß ich mich ein Jahr von meinem Schuldienst beurlauben lasse und weltweit spirituelle Zentren besuche.

Mein Mann versteht mich jetzt auch geistig nicht mehr und wirft mir vor, daß ich geistige Müllhalden hinterlasse.

Ich brauche Urlaub aus meiner Ehe und gebe ihm den Freischein für sexuelle Begegnungen. Ich weiß nicht wann ich wieder komme, aber den Status als Ehefrau nehme ICH mit auf Reise ...

Ich will ja keinen Mann ... ich will Gott!

Auch diese Provokation reicht nicht, daß mein Mann sagt, wie er sich fühlt. Auf einer esoterischen Messe schaue ich nach Adressen und bekomme ein Flugblatt über Krishnamurti. Ich lese sein Buch "Einbruch in die Freiheit" und weiß, das ist es, was ich suche.
Die Wahrheit, die ich bereits in mir trage.

Im Sommer hat er eine Vortragsreihe in der Schweiz und ich bin dabei. Mir ist bewußt, daß ich mir die Dinge immer so hingedreht habe, wie es mir bekommt und hier erfahre ich, es kommt darauf an, die Dinge annehmen wie sie kommen und sehen was ist. Ich besuche weitere Vorträge von ihm in England und erkenne, ich brauche nicht weiterreisen, ich muß nach Hause und dort aus neuer Sicht aufräumen. Ich weiß jetzt, ich muß meinen Mann lassen wie er ist. Als ich nach drei Monaten nach Hause möchte, bittet mich mein Mann, daß ich länger bleibe, weil er Zeit für seine Selbstfindung braucht.

Es stellt sich heraus, daß er eine neue Frau gefunden hat.

Tja ... ich ahne, daß es eng wird.
Ich komme nach Hause, er pflegt seine neue Beziehung vor meinen Augen und ich sehe meine Chance dahinschwinden.

Ich suche Klarheit und finde eines nachts im Dunkeln versteckt hinter einer Bücherreihe seine gesammelten Liebesbriefe. Ich lese sie und weiß, unsere Ehe ist endgültig dahin.

Der Alptraum meiner schön gedachten verlogenen Illusion holt mich ein und ich stürze in das Grauen eines tiefen Lochs.

"Ich biete mich tatsächlich noch einmal an."

Er sagt J - E I N, ich stehe im Nebel!

Ich reiche die Scheidung v o n   m e i n e m M a n n ein und scheide endgültig aus der Kirche. Weil mich der Schwur am Altar vor dem institutionellen Gott emotional so gefesselt hat, leide ich tiefe Qualen. Diese verfolgen mich noch lange und immer wieder denke ich die Frage: "Durfte ich das tun?"

Mein Mann rächt sich mit dem finanziellen Hickhack und rechnet auf diese Weise emotional mit mir ab.

Die Bilanz meiner Ehe habe ich schon vor Jahren geschrieben. Meine Familie hätte ich gern gehalten, der Verlust meiner Familie tut mir weh. In diesem Schmerz erkenne ich den emotionalen Ausstieg meinerseits, die Unaufrichtigkeit und das nicht wirk-licht miteinander reden können, obwohl wir unendlich lange Gespräche geführt haben.

Die kleinste, klitzekleinste Lüge, jeder scheinbar "unwichtige" Selbstbetrug ist die Giftspritze jeder Partnerschaft, Beziehung, Ehe oder Familie!

So sieht der Tod jeder E h e aus!

In der Woche als mein Mann und ich die Trennung beschließen, setze ich mich in einen Vortrag vom "Märchen" Froschkönig neben einen jungen Mann. Ich muß ihn einfach ansprechen. Er ist der Froschkönig, der von seiner Frau an die Wand geknallt wurde, aber nicht als Prinz erkannt. Seine Frau hat ihn verlassen und er erzieht seine beiden Kinder neben seiner Karriere. Er erzählt mir, daß seine Frau seine inneren Reichtümer nicht erkannt hat.
Diese Bemerkung aus dem Munde eines Mannes macht mich stutzig und neugierig. Am Ende der Vortragsreihe gebe ich ihm meine Anschrift, weil ich Kontakt mit ihm halten will.

Einige Wochen später ruft er mich an und ich erinnere mich im Moment nicht an ihn. Wir verabreden uns und spüren, daß wir uns in der gleichen geistigen Welt bewegen. Ich weiß, mit ihm kann ich an dem Punkt weitermachen, an dem ich mit meinem Mann aufgehört habe.

Auch er ist auf der Suche nach Spiritualität.

Als auch meine Tochter aus dem Hause geht, ziehe ich bei ihm ein. Ich habe die Ahnung, daß ich mit ihm wirklich tiefer in das eindringen kann, was ich suche.

Die Erlebnisse der letzten Jahre haben mir meine Lebenskraft genommen. Ich habe keine Kraft mehr für meinen Beruf und nutze die vorzeitige Pensionierung. Trotz aller guten Vorsätze lasse ich mich wieder in die Mutterrolle hineinreißen. Ich dachte, das Familienprogramm sei abgeschlossen, statt dessen stecke ich mittendrin und das hängt mir oft zum Hals heraus. Am liebsten würde ich weglaufen, doch der Glaube an uns ist stärker.

Trotz der vielen Schwierigkeiten, die in solch einer Konstellation entstehen, haben wir immer wieder unser Potent-z-ial erkannt und wir wachsen miteinander. Wir legen die Dinge so allmählich auf den Tisch, statt sie wie früher schweigend verdrängen. Er merkt sofort, wenn ich mich entziehe und fordert mich.

Ich traue mich mehr und mehr sagen, was ich wirklich denke und fühle. Je deutlicher mir das gelingt, desto mehr erkennen wir uns.

Je mehr ich mich öffne, desto mehr traut und zeigt er sich. Daß ich noch nicht alles richtig verarbeitet habe, zeigt mir mein Bluthochdruck.

Da ist irgendein Druck, den ich für mich noch nicht erkannt habe und dafür will ich das Re-Light Handwerk erleben.

Ich will weiter ins Leben kommen, weil ich erkannt habe, daß mich SELBST erkennen und mich SELBST leben l i e b e n heißt und Gott nahe kommen.

Auf der Insel erkenne ich, daß ich wirklich jede Sekunde für jede Handlung die Verantwortung trage.

Alte Abrechnungen und Schuld-z u-weisungen kläre ich, um noch ehrlicher mit mir selber sein. Die Resonanz fühlt er direkt und das Miteinander wird leichter. Dann erlernt er das Handwerk auch. Mein Mut wächst und ich traue mich immer mehr MEINE ART und Weise zeigen.
Mein Leben ist reicher.

Wir haben eine nie geahnte Nähe miteinander.

Wir geben uns die Ehre statt die Ehe.

LIEBE ist ... den Anderen achten wie er ist!

Wahr lichtes Miteinander ist möglich, indem Beide mit sich SELBST erfüllt sind!

W A R T E N ... und Rücksicht nehmen

Heute ist mir klar, was ich mir all die Jahre in meinen Partnerschaften angetan habe.

Ich suche mir meine erste große Liebe auf Distanz. Ich verliebe mich in einen Mann, der in einem anderen Land lebt und nicht einfach erreichbar ist. Mein Verliebtsein-Elexier hole ich mir aus dem Warten, aus der Spannung mit der Aufregung, bis wir uns wiedersehen. Wenn wir uns dann sehen, bin ich so aufgeregt und aufgedreht mit meiner E r w a r t u n g s - h a l t u n g und hoffe, daß alle Vorstellungen meiner Gedanken erfüllt werden. Wenn wir uns dann sehen, bin ich so mit dem Abspulen meiner Gedanken beschäftigt, daß nur Erdachtes passiert - nichts wirk-licht.

Mein Erleben ist weit, weit weg und meine Gedanken sind schon wieder auf Reisen mit der nächsten Phantasie.

Den Augenblick verfärbe ich mit LEBEN denken, statt LEBEN leben.

Gedachtes Erleben ist Phantasie und Projektion, Hoffnung und Wünsche.

Ich habe Angst vor dem Erleben, weil meine Gedanken mit Enttäuscht werden,
mit Verlassen werden,
mit Traurig sein,
mit Wieder-allein-sein beschäftigt sind.

Das zerreißt mich jedesmal und ich warte, daß doch irgendwann einmal was anderes passiert.

Ich bin immer mit WARTEN auf IHN beschäftigt und eines Tages verlaufen seine Spuren im Sand.

Die nächste Kreation schaffe ich mir mit einem Mann, der mir unerreichbar erscheint.

Ich ver-ehre ihn,

er sieht super aus,

er ist toll,

er ist begabt,

er hat meine Wellenlänge,

er versteht meinen Beruf und meine Sprache.

Meine Motivation ist mit ihm befreundet, erlebt mit ihm Abenteuer, nur für mich ist er unerreichbar.

Nur so, mit diesem eingebauten Kontrolleur kann ich unsere Intensität, unsere erotisch prickelnde Sexualität einfach erleben und genießen, weil mein Kopf ja weiß, daß er sowieso immer wieder geht.

Er hat ja schließlich Familie und ich bin n u r seine Geliebte. Ich betreibe das wartende Freud- und Leid-Spiel jahrelang.

Sehe ich ihn, freue ich mich - sehe ich ihn nicht, leide ich. So geben sich Freud und Leid täglich die Hand. Irgendwann geht mir das Auf und Ab mächtig auf die Nerven und reizt mich nicht mehr. Das Rücksichtnehmen hat Spuren in meinen Körper gebrannt.

Jetzt will ich einen Mann, der nur für m i c h da ist!

Genau da treffe ich den Mann, den ich als meinen Lebensgefährten erkenne.

Er hat bereits eine lange Ehe hinter sich, hat drei Kinder, ist geschieden und ich habe die Idee: Jetzt ist ja alles klar und offen für mich.

Der hat das Schlimmste J A schon hinter sich.

Da ist keine Bindung und Verantwortung für die Familie.

Schön, daß er älter ist, lebenserfahrener und stattlich. Er erzählt mir oft von seinen schmerzlichen Erfahrungen mit seiner Frau und seinen Kindern und ich merke es nicht. Erst Jahre später fällt mir auf, wie tief ich mit in seiner Vergangenheit hänge und wieviel ihm die vergangenen, schwerwiegenden Familiendramen noch bedeuten. Nach drei Jahren kommen bei ihm die ersten Erschöpfungsanzeichen und ich sehe ihn müde und schwach. Bei dieser Überforderung gönnt er sich dann endlich Ferien, krank im Krankenhaus. Jetzt schleuder ich mein Rücksichtsbarometer in die Höhe und funktioniere noch besser.

Er tut mir leid. Ich habe Mitleid!

Der arme, starke, so clevere und intelligente Mann, muß ohne Rast fünfzehn bis zwanzig Stunden täglich arbeiten. Am Wochenende geht's dann weiter mit der Karriereleiter.

Dann noch die finanziellen Anforderungen von seiner Ex-Ehefrau und die vielen Wünsche seiner Kinder lassen ihn total durchknallen. Er denkt, daß er die Wünsche seiner Kinder erfüllen muß, und sagt, seine Ex-Frau nutzt ihn nur aus. Das macht ihn total sauer und er geht hoch wie eine Rakete.

Er hat immer mehr das Gefühl, daß er nur noch für seine Familie arbeiten muß.

Ich habe immer weniger Zeit mit ihm, weil er sich öfter mit seiner Ex-Familie trifft.
Dieser arme, geschaffte, erfolgreiche Mann!
Er tut mir immer mehr leid, aber ich kann das sehr gut verstehen. Besonders in diesem Alter brauchen Kinder einen schützenden und bele-e-h-renden Vater.
Ich warte, warte und warte jahrelang.
Nehme immer mehr Rücksicht, bis mein Körper mit Symptomen reagiert.
Ich wünschte mir mit ihm eine Familie. Er sagt, daß ich Verständnis für ihn haben muß, da er ja schon eine Familie hat und er sich emotional und finanziell keine neue Familie leisten kann.
Mit dem Warten ... Warten ... und Warten in Form von Verständnis, Rücksichtnahme und Liebsein, lege ich mir die Schlinge um den Hals.

So trage ich meinen v-w-i-r-rtuellen Ehering.

Nach acht Jahren wird mir klar, daß ich mit Rücksicht, Verständnis und Liebsein nicht weiterkomme. In Wahrheit ist garnichts passiert, außer daß ich einige Jahre älter bin, kranker und eine Riesen Enttäuschung mit Frust und Wut fühle.
Mit dieser verachtenden Erfahrung suche ich psychologischen Rat. Ich will herausfinden, was die Ursache dieser Misere ist. Ich will einen Tipp, wie ich da wieder rauskomme. Ich will wissen, wie Liebe und erfüllte Partnerschaft geht!
Als ich nach einer dreijährigen, fundierten Tiefenpsychologie in tief dunklen, tobend schäumenden Emotionen stehe, weiß ich nicht mehr weiter.

Ich bekomme den Tipp für das Re-Light Handwerk und komme aus dem Staunen und Wundern nicht mehr heraus.

Indem ich meine Partnerschaften mit der 180 Grad Wende erkunde, wird mir klar, daß ich mein ganzes Leben lang gewartet oder Rücksicht genommen habe. Meine Gedanken waren jedesmal mit den Situationen des Mannes beschäftigt. Ich habe I H N, was er beruflich noch schaffen muß - was seine Familie verlangt und erwartet, wie seine Präsentation in der Gesellschaft wirkt, daß er am Wochenenden noch mehr Fortbildungen braucht und noch mehr neuestes Wissen anhäuft, wichtiger als mich genommen.

D a z u verpflichtet die Gesellschaft den Herrn WICHTIG und Gattin-en. Alle glauben, daß sie daran nichts ändern können.

Ich habe ihm m e i n Leben abgegeben und ich SELBST bin leer ausgegangen.

In diesem Re-Light Kurs erlebe ich das Alles noch einmal und mache es lebendig.

Ich öffne meine verdrängte gesellschaftlich schöngedachte Wut und den Schmerz der verlorenen Jahre.

Da ich keine Kraft mehr habe, den Kochtopf-deckel noch länger festhalten, öffne ich ihn und freue mich, daß ich mich das nach all den Jahren traue.

Ich komme nach Hause und mein "Mann" ist begeistert von meinem neuen Selbstbewußtsein. Das geht zwei Monate gut und dann möchte er mich wieder wie früher haben. Das ist meine Prüfung, ob ich mir treu bleibe oder wieder m e i n

L e b e n bei i h m abgebe.
Ich erkenne das und gehe meinen Weg.

Er ist fasziniert von dem Handwerk, will es aber selber nicht tun. Da ich nicht länger seine Krücke sein will, sucht er sich eine andere Frau, die das Handwerk bereits kennt.

Da sehe ich, daß er in der kurzen Zeit viel erkannt hat, und die Faszination aus zweiter Hand leben lassen will.

Jetzt begreife ich, daß ich acht Jahre

- SECOND HAND GELEBT HABE -

so z u sagen die Zecke im Hemd hatte.

Am nächsten Wochenende trifft er diese Frau und heiratet sie direkt.

Whau ... das sitzt, das tut weh. Ich spüre, wie ich mich jahrelang selbst verarscht habe, und mache alle verdrängten, unbewußten Emotionen auf.

Ich nutze das Handwerk und kläre meine jahrelang aufgestauten Emotionen. Das macht sehr viel Raum, befreit mich und meine freudige Lebenslust ist für jeden sichtbar.

Jetzt ist Second Hand Leben fertig!

Leben abgeben lohnt sich nicht!

Die Lebens-Lust ist da!

Mit diesen Erkenntnissen gehe ich in meine nächste Partnerschaft.

Ich treffe einen schönen jungen Mann, arbeite mit ihm und wir fühlen uns sehr verbunden. Die Chemie stimmt und wir haben eine intensive Körpersprache. Nach einigen Monaten ändert sich unsere Chemie und ich traue mich jetzt direkt fragen, was los ist.

Ob es andere Frauen in seinem Leben gibt?

Er sagt nein und ich weiß genau, daß es nicht wahr ist. Das ist die Prüfung, ob ich seinen Worten glaube oder mir.

Ich glaube MIR.

Nach einiger Zeit entdecke ich seine Geliebte und erfahre, daß sie alles für ihn tut und ihm dauernd das Leben rettet. Das muß allerdings geheim bleiben, weil sie Ehefrau ist.

Ihr Ehemann, der noch sein bester Freund ist, ist bereits ausgezogen und lebt mit einer anderen Frau. Da sie ihren Ehemann wieder haben will, muß sie ihre Liebe geheim halten. Ich bleibe in meiner Gefühlswelt, erlebe mit ihm wunderschöne Dinge und lasse mir von ihm unglaubliche Partnerschaftsdramen erzählen. Ich schaffe es immer besser, mir treu bleiben.

Ich bin glücklich und erfreue mich, daß ich dieses Handwerk kenne und es jetzt für mich nutze.

So wächst mein Mut, mein Selbstbewußtsein, mein Trauen, meine Lebenslust!

In der Liebe sind wir immer mit dem Anderen beschäftigt und vergessen einfach das eigene Leben!

Achte Dich SELBST wie Deine-n Liebste-n!

Eine Geliebte will Nr. 2 sein!

Eine Geliebte hat keinen w i r k l i c h t e n Wert!

Eine Geliebte will leiden!

Eine Geliebte weiß auch nicht was sie will!

Geliebte sein ist Leid und Schmerz erleben!

wehwehweh.ehebrecherin.online.de

Heute sitze ich hier und lasse mein Leben Revue passieren. Als Kind erlebe ich meine Sorge, daß mein alter Vater eines Tages nicht mehr da ist. So erlebe ich jeden Tag die Verlustangst mit meinem Vater, daß ich irgendwann allein dastehe. Meine Mutter gibt mir immer wieder das Gefühl, daß sie ohne meinen Vater alleine nicht lebensfähig ist. Mein alter Vater ist die Stütze, woran sich die ganze Familie anlehnt. Alle haben Angst, daß diese Stütze weg bricht und wir da liegen. Gleichzeitig erlebe ich meine Mutter als komisch und ich habe das Gefühl, ich muß auf sie aufpassen und ihre Hilflosigkeit stützen.
Somit ist meine Aufmerksamkeit immer bei meinen Eltern und ich tue, was sie wollen.

Ich mache das, was sie von mir erwarten.

Ich mache das, was meine Eltern sich vorstellen, was gut für mich ist. Als ich als Bewegungsfaule, Maulfaule den Wunsch habe Ballettunterricht nehmen, macht mir mein Vater mit einem Satz klar: Du ... Du Elefant doch nicht ...!
Auf diese Art wird meine Kindheit und Jugend mit Pflichterfüllung, Folgen und brav angepaßtsein erfüllt.
Ich fühle mich manchmal als Angelika, den braven Engel, der sich oft als Anka in einen beißenden Hund verwandelt.

Engel und Bengel.

Ich traue mich aber nicht beißen, ich beiße mich lieber fest.

Meine Hundeleine ist Liebsein, damit ich den Vorstellungen meiner Eltern gerecht werde. Und wenn ich mich mal traue etwas für mich tun, spüre ich den Zug der Leine.

Dann suche ich mir die Männer vatergerächt aus, damit die Hundeleine treugerächt weitergegeben wird. In jeder Freundschaft fühle ich, daß mir die Leine im Weg steht und ich mich nicht wirklich einlasse. Aus Angst, daß ich mich verliere, stürze ich mich in Frigidität und verleugne meine Lust.

In meiner Gefühlswelt und im Sex muß ich mich kontrollieren und lege mir SELBST die Leine an.

Eines Tages erzähle ich einer Bekannten von meiner Sex-Angst. Sie macht das mit einem Satz weg und sagt: „Das haben doch alle, das ist doch ganz normal.
Geh in eine Frauengruppe oder so ..."

Ein halbes Jahr später treffe ich L. und ich kann mich das erste Mal einlassen. Ich weiß ganz schnell, er ist mein Mann. Am Anfang ist unsere Ehe sehr schön und lebendig und je gesattelter wir leben, desto starrer wird es. Wir legen uns gegenseitig Leinen um und verharren, bis es Stricke werden. Wir genießen es beide und finden es schön. Im Urlaub spüre ich die Stricke am deutlichsten. Ich muß im feinen Hotel den geregelten Ablauf mit schönem Essen, was mir nichts bringt, ertragen, obwohl ich lieber die Angebote der Straße probieren möchte. Im Laufe der Zeit werfen wir uns unsere Erwartungen immer öfter vor und erstarren. Dann suchen wir ein Stück Leben in Form von Kindern. Da wir uns selbst jahrelang mit der Zeugung von eigenen Kindern herum geplagt haben, nehmen wir uns als Ersatz Tageskinder, in denen wir uns voll identisch wiedersehen.

Ich bin auf der Suche nach meinem Lebenssinn. Mich interessiert die Astrologie, Shiatsu, Trommeln, Bauchtanz pipapo.

Mein Mann sitzt und sitzt in der Kanzlei, er sitzt vor der Zeitung, er sitzt vor der Sportschau, er sitzt und sitzt ... Ich bemühe mich ihn bewegen und ihn in den Hintern treten. Meine Bemühungen gehen ins Leere, bin frustriert und mache immer mehr allein für mich. Ich spüre die Schere unserer Wege auseinanderklaffen, als mein Schwiegervater stirbt und mein Mann sich rührend um seine Mutter kümmert. Ich spüre, daß ihn mein Leben einen Dreck schert.

Eines Tages - während einer Nacken-Behandlung - halte ich einen "Negerkuß" in meinen Händen und verliebe mich. Alles wackelt. Ich zittere am ganzen Körper, fühle mich lebendig wie nie vorher und mein Gedanken-Gebilde von schöner Ehe, von gut leben, brav sein, funktionieren, bricht ein.

Auf einmal ist alles ganz anders und ich kenne mich selber nicht wieder. Alles, was mir bis heute wichtig war, ist auf einmal nichts mehr - es ist einfach nicht mehr wichtig. Alles, wofür ich bis jetzt gelebt habe, verliert Bedeutung.

Das prickelnde Gefühl schlägt ein wie eine Bombe. Mein Lebens-Haus bricht ein, aber ich möchte noch einige Stütz-Balken behalten.

Ich will das prickelnde Gefühl mit diesem Mann erleben und gleichzeitig die alten Balken behalten, und retten, was noch möglich ist.

Ich erzähle meinem Mann L., daß ich fremd gegangen bin.

Als ich sehe wie er leidet, fühle ich mich noch schuldiger und verzweifelt.

Gleichzeitig bin ich total von diesem Leid angezogen und fühle mich wichtig. Auf der einen Seite will ich weg, doch die andere Seite will da bleiben. Mit diesem absoluten Zerrissensein bewege ich unsere festgefahrene, langweilige Ehe und mein Machtspiel. Auf diese Art und Weise kann ich meine versteckte Domina getarnt als die LIEBE ANGEPASSTE erleben.

Ich möchte so gern bei dem schwarzen Mann bleiben. Ich fühle aber immer einen dicken Strick in meinem Rücken, der mich nach hinten in die Ehe reißt.

Ich f ü h l e mich bei meinem Ehebruch

so wohl, weil ich keine Leine spüre.

Nur Schnupper, Schnupper,

Schwanzel, Schwanzel!

Was macht ein Hund ohne Leine?

Mein schlechtes Gewissen zerrt enorm an mir. Eines Tages sagt mir mein schwarzer Mann: „Es ist vorbei, I love you, but ..."

Ich bin leer, es ist nichts da. Ich fühle mich tot, besuche meinen Mann und lechze nach meinen alten Gewohnheiten. Wedle treu und lieb mit dem Schwanzel, schaue ihn treuherzig an und sage, bitte führe mich an meiner Leine Gassi. Ich rechtfertige mich mit Sühne in Form von Krankheit und lache mir einen Gebärmutterhals-Krebs an.

Ich zahle es allen heim, weil ich nicht ertrage, daß nichts ist und ich allein da stehe.

Ich lasse mich operieren, mache den ganzen Zirkus mit, damit ich wenigstens

E t w a s   e r l e b e!

Als ich aus der Klinik komme, erfahre ich, daß meine größte Konkurrentin "Schwiegermama" auch Krebs hat.

Abrechnung lohnt niemals!

Erfülle DICH SELBST!

Und wenn Du dann noch einen Partner erlebst ...

ist es LIEBE!

Single oder wie es sich zu zweit alleine lebt

Jetzt bin ich das erste Mal alleine mit mir und einem Partner, und jetzt verstehe ich die Welt überhaupt nicht mehr. Allem und jedem, dem ich hinterher gehetzt bin, ist nicht mehr wie es wahr. Ich sehe das erste Mal, daß ein Miteinander nur erfüllt ist, wenn ich mich fühle und nicht die Gefühle des Anderen wichtiger nehme als meine.

Jedesmal wenn ich in die alte Verhaltensschiene hinein springe, sehe ich, wie ich ein Stück davon zerstöre und das Miteinander wieder trenne.

Es gibt jetzt zwei Arten von Wecker: Einmal wenn mir selbst bewußt ist, daß ich mir den anderen zurecht bastel, ihn ändere oder manipuliere.
Und zweitens, daß der Partner mit mir das Gleiche macht.
Das sieht im All-Tag so aus:

Wir haben einen wunderschönen Abend. Danach gehen wir in ihre Wohnung und haben interessante Gespräche. Wir kommen uns näher und schmusen. Irgendwann bekomme ich Angst vor meinen Gefühlen und denke, hoffentlich lehnt sie mich nicht ab, wenn ich sie frage, ob ich bei ihr schlafen darf. Sie merkt meine Unsicherheit und möchte lieber allein ins Bett gehen. Mein Kopf ist erleichtert, daß ich gehen kann. Mein Herz fühlt sich betrogen und schreit vor Sehnsucht wie gerne ich geblieben wäre.

Heute mache ich mir meine Gefühle bewußt, fahre nach Hause und kläre.
Früher habe ich jeden Liebesentzug ertragen, habe mit mir gekämpft und habe mir verschiedene, strategische

Verhaltensmuster als kriegerisches Schlachtfeld gegen mich selbst geschaffen:

Mich im Alkohol ertränkt,

ich habe mit dem Tod kokettiert, indem ich sturzbetrunken wie ein Wahnsinniger nach Hause gefahren bin.

Ich bin ins Rotlichtviertel gefahren - manchmal habe ich nur geguckt und ma-n-chesmal habe ich was gekauft.

Wenn es mir ganz beschissen ging, bin ich auf homosexuelle Parkplätze oder in einschlägige Bars gegangen und habe mir die mieseste Mißachtung in Form von Männersex geholt. Damit habe ich mich an den Pranger gestellt, mich verletzt, daß ich mein armes Schweinsein fühlen kann.

Spiel-Szenen meines Lebens

Mit sechzehn sehe ich in der Schule ein Mädchen im Foyer sitzen und frage einen Klassenkamerad nach ihr.

Er sagt: „Kennst Du d i e denn nicht? Das ist die Schwester von S." Dann gehe ich z u S. und sage ihm: „Mann, hast Du eine tolle Schwester!" Das hat er ihr erzählt und einige Wochen später bin ich mit ihr bei strömendem Regen Eis essen gegangen. Danach haben wir uns noch öfter getroffen. Ich fühle das erste Mal Angst vor meinen Gefühlen und gebe auf.

Ein halbes Jahr später sieht sie mich und ruft mich an. So entwickelt sich meine erste große Liebe. Ich schlafe mit ihr und erlebe das erste Mal Sexualität. Ein Jahr später verläßt sie mich das erste Mal am 31.12. wegen eines wesentlich älteren Mannes. Für mich bricht eine Welt zusammen und damit beginnen meine altbekannten Strategien. Ich kann nicht mehr schlafen, bin ewig betrunken, vernachlässige meine Lehre und streune herum. Drei Monate später treffe ich sie auf der Straße und wir verlieben uns neu. Ein Jahr später verlasse ich sie auch in der Weihnachtszeit das erste Mal wegen einer anderen Frau. Ich zahle es ihr heim.

Ein paar Monate später führen wir unser zerrissenes Spiel weiter.

Das geht noch einige Jahre so hin und her. Irgendwann ist sie schwanger und wir haben eine gefühlvolle Zeit. Mit dreiundzwanzig werden wir Eltern und ziehen in unsere erste g e m e i n-same Wohnung.

Das nächste Mal verlasse ich sie, als unser Sohn eineinhalb ist wegen einer Affäre. Ein halbes Jahr später fühle ich den Entzug, weil ich sie brauche und ziehe kleinlaut wieder ein. Dann ertrage ich die familiäre Enge, die dicke Luft und die Pflichten eines Vaters nicht. Ich suche mir Fluchtkanäle, bastel an Autos, gehe in den Sportverein und treffe mich mit Freunden. Der Alkoholkonsum steigert sich und ich bleibe weiterhin der liebe, nette, tolerante, verständnisvolle Partner.

Eines Tages kommt eine Frau aus dem Aufzug und ich denke mich tritt ein Elefant. Ich erkundige mich nach ihr und sage ihrer Mutter, was sie für eine tolle Tochter hat. Das ist der Beginn meiner zweiten großen Liebe.

Sie steht hochschwanger bei mir im Büro und fragt, ob eine der Wohnungen frei ist?

Ich zeige ihr, wie toll ich bin und daß ich für sie alles möglich mache. Ich vermittel ihr eine Wohnung in meiner Nähe. Ich nutze jede Gelegenheit, bei ihr einen Kaffee trinken und studiere ihren Tagesplan, damit ich sie so oft es geht sehe. So sehen wir uns immer öfter. Endlich ist es so weit und wir schlafen das erste Mal miteinander, obwohl auch sie liiert ist. Ich finde es ganz toll und ich gehe sofort zu meiner Frau und sage ihr, daß unsere Partnerschaft beendet ist. Ich ziehe erst bei meinen Eltern ein und treffe sie heimlich im Büro. Da ich sie ja nicht haben kann, bin ich jedesmal tief verletzt, wenn wir miteinander geschlafen haben und sie dann zu ihrem Freund geht. Ich stehe völlig unter Dampf, weil ich regelmäßig meinen Sohn sehen will, die Meisterschule besuche, meinen Alkoholkonsum pflege und dieses gespannte Dreiecksverhältnis aufrechthalte. Endlich schaffe ich es, daß sie mit ihrem Freund Schluß macht und ich bei ihr einziehen darf. Nach einer Woche zieht ihr Freund wieder ein und ich aus. Dann sind einige Wochen Funkstille. Ich tröste mich bei meiner Expartnerin und renne von Kneipe z u Kneipe, von Diskothek in Diskothek. Ich erlebe die verschiedenartigsten Sexspiele, bin der beste Verdrängungskünstler und halte das Bild, was die anderen immer noch von mir haben, nach außen aufrecht. In Wirklichkeit fühle ich mich von der Droge Sex gejagt und suche krampfhaft nach Ersatz. Den einzigen Ersatz finde ich auf ausgedehnten Partys und betäube mich immer weiter. Mein innerer Spagat zerreißt mich:

Auf der einen Seite will ich der in der Gesellschaft anerkannte Macher sein und andererseits mein Elend und meine Verzweiflung fröhnen.

Diese Spiele laufen jahrelang so weiter, indem ich hier und da kleine Affären habe.

In Wirklichkeit halte ich immer an meiner großen Liebe fest und ich lasse sie immer noch mit meinen Gefühlen spielen wie s i e will.

Dieses ausschweifende Leben ruiniert mich körperlich und ich besuche Seminare für Persönlichkeitsentwicklung. Nach einem Seminar erzähle ich meiner Liebsten von meinen Männereskapaden. Es gibt Streit, wir brechen viele Gefühle auf, ich spreche ehrlich mit ihr ohne mich hinter meiner Maske verstecken. Mit dieser Offenheit starten wir unseren neuen Versuch und wohnen miteinander.

Nach eineinhalb Jahren will sie nicht mehr und ich ziehe wieder aus. Als ich aufhöre sie z u manipulieren, finden wir einen Weg wirklicher Vertrautheit miteinander, der bis heute anhält.

Trotz meines ausschweifenden, komplizierten und süchtigen Lebens bin ich als Single allein.

Ich erkenne, daß ich keine Verantwortung für mein TUN tragen will und sehe, daß ich ständige Angst vor wirklicher Nähe habe. Wie weit ich von mir selbst entfernt bin, erschreckt mich und macht mich traurig.

Dieser unstillbare Hunger ist die beste Werbung für Aids.

Da diese Distanz langfristig für mich unerträglich ist, räume ich in meinem Leben auf.

Mit der Re-Light Form habe ich ein Handwerk, mit dem ich mich in mein Leben traue. Ich suche mein Leben nicht länger im Außen, statt dessen traue ich mich, meine verdrängten Gefühle aufbrechen und sie erleben. Es ist alles so neu und ich fühle mich wie ein kleiner Junge, der seine ersten Schritte ins Leben geht.

Ich treffe andere Menschen und erlebe wirklichtes Miteinander.

Egal ob Sie als Single leben oder in der Familie.

Die Herausforderungen sind sehr ähnlich.

Diese Geschichte zeigt Ihnen, daß die Verdrehung die Gleiche ist und sich mit Schmachten erfüllt.

Ein erfüllter Single würde sich niemals Single nennen. Er bräuchte keine Partnerschaft, weil seine eigene Batterie voll ist und jeder Mensch seine Erfüllung sieht und fühlt

E R F Ü L -H- L U N G

Wir ändern als Single nur die Projektion, das nicht erfüllt sein ist das Gleiche und rennen weiter!

Familiendekoration

Probleme habe ich mein ganzes Leben geschaffen, bis ich jetzt bereit bin sie lösen.

Das größte Problem sah ich in meinem Familien-glück, Mann und meiner Familie.

Erst als ich mit einer lebensbedrohlichen Krankheit konfrontiert werde, will ich sterben oder leben, und das in aller Konsequenz.

Dabei ist mir klar, daß ich mit meinen Lügen aufhören muß, die mich nicht wirklich leben lassen. Bis jetzt brauchte ich immer eine ansprechende Dekoration um mich herum. Dazu gehört für mich ein Mann, Kinder, ein fordernder Beruf und das Ambiente muß stimmen. Für dieses Lebensrennen bin ich bereit, daß ich hoch setze. Es geht mir darum, daß i c h das Rennen bestimme. Ich muß das Spiel lenken und gewinnen und das geht nur bei enormer Anstrengung. Das Paradoxe daran ist, daß das Rennen seine eigene Dynamik entwickelt und ich auf der Strecke bleibe. In diesen Momenten spiele ich mit den Gedanken, daß ich das Rennen durch Suizid abbreche. Jedes Rennen hat ein spezielles Regelwerk.

Noch vor dem Abitur lerne ich Hermann kennen. Uns verbinden viele gemeinsame Interessen und wir bewegen uns im gleichen gesellschaftlichen Hintergrund. Ich halte es für günstig, daß ich den gleichen Beruf wie Hermann wähle, damit wir Zeit zur Verfügung haben. Außerdem fasziniert mich seine Musik, die er lebt. Ich liebe ihn, wenn er in seiner Musik lebt, nur er läßt mich außen vor.

Ich bin enttäuscht, daß ich an s e i n e r Lebendigkeit

nicht teilhaben kann.

Alles andere stimmt ja.

Nach dem Ende seiner Ausbildung heiraten wir, weil wir nach vier Jahren endlich zusammen leben wollen.

Die nächsten vier Ehejahre werden von unseren beruflichen Versetzungen geprägt und wir führen eine Wochenendehe. Wir leben uns auseinander und als ich von ihm weggehen will, wird unsere älteste Tochter geboren. Jetzt leben wir endlich als Familie zusammen. Für mich geht's jetzt erst einmal gscheit los!

Das Bedürfnis nach Dominanz holt mich ein: Ich bin die Supermutter, Ehefrau bin ich ja auch noch und sehr engagiert im Beruf. Naja, um Haus und Garten muß ich mich ja auch kümmern.
Aach ja und in der gleichen Zeit bauen wir noch ein Haus. Durch diesen unheimlichen Druck sind wir glücklich und unsere Ehe festigt sich dadurch, daß wir als Kollegen sehr intensiv nebeneinander arbeiten. Der Beruf bindet uns stark aneinander.

Danach werden noch zwei Töchter geboren und das Glück ist eigentlich komplett!

Beide spüren wir, daß hier irgend etwas nicht stimmt. Ich bin mir bewußt, wie dominant und kämpferisch ich wirke, aber ich bin es nicht wirklich. Ich nutze diese Stärke nicht für mich und verleugne meine eigenen Wünsche. Ich mache oft das, was ich glaube, was e r möchte. Daraus entstehen wahnsinnige Mißverständnisse. Er ist oft unzufrieden und wirft mir vor, daß alles nach meinem Kopf gehen müsse. Ich verstehe seine Welt nicht, bin enttäuscht, weil ich mich doch oft zurückstelle und a l l e s f ü r i h n tue. Jetzt kommt der absolute Witz wo mein Mann mir sagt: „Es geht doch immer alles wie Du es willst." Latent stellt jeder für sich immer wieder die Ehe in Frage.

Viele Urlaube laufen nach folgendem Muster ab:

Wir sind auf der Ferieninsel. Hermann will möglichst alles sehen, erkundet mit seinem geografischem Auge vorneweg, was es alles Sehenswertes gibt. Die siebzehnjährige Tochter läuft frustriert in sicherer Entfernung hinter ihm her, weil sie das alles ganz anders gestalten will. Das Schlußlicht bilde ich mit den beiden Jüngsten, rede mir den Mund fransig, erkläre den Knochen, die Kirche, Ausgrabungen aus der Vorzeit etc. Jeder schwört für sich selber, daß er so eine Art Urlaub nie wieder verbringen will. Selbst Hermann, der uns führt und uns alles zeigen will, hat die Nase voll.

Aber nächstes Jahr fahren wir ja doch wieder!

Je bewußter uns unsere benebelnden Lebenslügen sind, um so mehr tritt mein Symptom, daß ich überall einschlafe, in Erscheinung. Diese Krankheit bremst mich aus, wirft mich aus dem Rennen. Ich gebe meinen Beruf auf. Ich verliere meine Eigenständigkeit, weil ich auf Schritt und Tritt auf Hermann angewiesen bin. Das raubt ihm natürlich auch enorm viel Kraft. Jetzt ist er auf mich fixiert und verliert seinen Lebensnerv. Er fühlt sich sehr krank und die Ärzte raten ihm, daß auch er seinen Beruf aufgibt.

Beide sitzen wir im tiefsten depressiven Loch daheim, als ich mit der Diagnose Krebs konfrontiert werde. Mein Entschluß steht fest:

Ich scheide aus dem Leben!
Doch auf Hermanns Drängen hin gebe ich nach. Ich verspreche, daß ich am Leben bleibe, aber unter einer Bedingung, daß ich jetzt in aller Konsequenz mein Leben lebe. Jetzt kommt das Schwierigste, nämlich die Umsetzung, denn wirkliches Leben ist gar nicht so einfach.

Obwohl wir beide Lehrer sind und lee-h-ren, haben wir nie wirklichtes Leben gelernt.

Zehnjährige Psychotherapie, chinesische, klassische und alternative Heilmethoden haben uns auch nicht wirklich ins Leben gebracht.

Eines Tages weist mich meine Maltherapeutin auf Ilse Elisa Dorandt hin. Ich lese das Buch, lasse es ein Jahr ruhen und lasse mir einen Termin für einen Event geben. Ich dachte immer, wie fortschrittlich ich schon im Bewußtsein bin. Hier erkenne ich, daß es nicht nur darum geht, die verdrängten Emotionen hervorholen und analysieren, sondern sie bewußt lebendig machen und dann klären. Ich lasse mir einen Termin für das Erlernen des Handwerks geben und mein Mann fliegt als erster auf die Insel. Es ist gut, daß er dieses Mal den ersten Schritt nach vorne macht. Als er mich drei Tage später anruft, bin ich tief ergriffen, wie er aufmacht und wie tief er fühlt. Es ist ergreifend, wie wichtig es ihm ist, daß wir diesen Weg offen und ehrlich miteinander gehen. Diesen Augenblick, wo wir unsere Liebe so tief spüren, habe ich und Hermann dreißig Jahre herbeigesehnt.

Zwei Monate später lande ich selber auf der Insel und erlebe meine Befreiung.

Ich befreie mich als erstes von dem massiven inneren Druck, der mich von "meinem Faßsein" erlöst. Nachdem ich meine Fesseln gesprengt habe, gestatte ich mir SELBST, daß ich SELBST SEIN darf. Mit dieser Losgelöstheit fahre ich nach Hause. Als wir beide unser Handwerk anwenden, stoßen wir schnell an unsere Grenzen und wagen uns nicht weiter. Wie in unseren Therapiestunden bleiben wir im Analysieren stecken, denken uns neu programmierte Strukturen und bewegen uns nicht weiter. Wir trauen uns noch nicht, unsere Emotionen reinigen, denn wir schämen uns wie zwei kleine Kinder vor der Ursprünglichkeit unserer Gefühle. Also gehen wir aus unseren vier Wänden und beim Bergsteigen legen wir einfach los. Da sehe ich das erste Mal, wie beengt Hermann sich fühlt. Als ich mit meinen Händen auf seinen Rücken einschlage, merke ich, wie ich jahrelang psychisch auf ihn eingeschlagen habe: Ich war immer diejenige, die alles besser wußte und ihn damit bedrängt hat.

Wir sind ein Stück bewußter geworden und weil wir uns den nächsten Sprung nach vorne nicht trauen, fahren wir von einer Stunde auf die andere nach Berlin. Elisa macht mit Hermann ein CCC und danach gibt er sich selbst die Erlaubnis, daß er seinen e i g e n e n Weg geht. Wir sind beide erstaunt, als er mir in die Augen schaut und spricht: „ICH GEHE MEINEN WEG."

Ich antworte ihm: „JA, GEH DU DEINEN WEG UND ICH GEHE MEINEN WEG!"

Wir sind erschrocken über die Erkenntnis, denn jeder wahr ja der Meinung, der Partner sei seinen Weg gegangen und habe seine eigenen Interessen durchgesetzt. Jetzt wissen wir, daß wir "dreißig Jahre" den Anderen gedacht haben.

Ich habe Hermanns Leben gedacht gelebt und Hermann hat mein Leben gedacht gelebt.

Das sah im Alltag so aus: Hermann geht Tennis spielen und ich möchte es im Grunde auch, sage aber nichts. Er geht und spielt Tennis und ich bleibe daheim bei unseren Kindern, Beruf und Hausarbeit. Ich fühle mich benachteiligt, bin sauer, entwickle Rachegefühle. Er spielt mit seinem schlechten Gewissen Tennis und rächtfertigt sich damit, daß ich ja daheim bleiben wollte. Er kommt heim, die dicke Luft ist spürbar und keiner reinigt seine Cell-Atmosphäre. So lief unser Leben die meiste Zeit.

Später fahren wir zum Inseltreffen nach München und mir ist klar, daß ich mich hinter der Maske "Freundlichkeit" verstecke. Hermann schaut sich seine Illusion von erträumten Berufen an und erkennt, wenn er seine Traumberufe nicht erlebt, wird er ihnen ewig hinterher trauern. Sich weiter einnebeln und sein Leben verpassen.

Er knackt seine Illusionen und in der kommenden Woche geht er wieder in seinen Beruf. Ihm ist klar, daß er nicht vor seinem Beruf geflüchtet ist, sondern vor sich SELBST.

Seit wir uns erlauben, daß sich jeder SELBST lebt, jegliche Gefühle ehrlich offenlegt, bewußt miteinander sprechen, erleben wir uns frei, genießen unsere Nähe und Liebe füreinander.

In dieser bewußten liebevollen Atmosphäre haben sich die Kinder anders eingebunden.

Sie erleben sich anders und ihnen geht es gut.

Den eigenen Zwang zum Missionieren, zum Erziehen, zum Dirigieren fühle ich nicht mehr.

Ich bin SELBST aus dem Rennen ausgestiegen. Brauchte mich von niemandem trennen, genieße Hermann und die Mädchen, meine Umgebung.

Meine Dekoration ist heute meine Wahrheit.

Ich bin abhängig von seiner Liebe.

Mit sechsunddreißig Jahren habe ich bereits eine Ehe hinter mir und verliebe mich.

Ich spüre dieses Mal, daß er m i c h wirklich will, daß er sich auch verliebt hat und m i c h wirklich meint. Ich erlebe das, was ich oft im Kino gesehen habe und glaube, daß es so viel Gefühl und Glück für mich nicht gibt. Es ist so sehr romantisch, so viel Gefühl und sein Berühren ist etwas Besonderes. Selbst wenn er eine Kerze auspustet ist er sinnlich und gefühlvoll. Wenn wir uns ansehen, sehe ich tief funkelnde Augen, die ich kaum ertrage. Er verschlingt mich im Strudel seiner Gefühle. Ich spüre, wie er meinen Körper, meine Art und meinen Gang bewundert. Immer wenn er mich sieht, ist er erfüllt.

Wenn wir Tanzen gehen, bleibt seine Aufmerksamkeit bei mir und er giert nicht nach Anderen. Er läßt mich täglich fühlen, was für eine lebendig schöne Frau ich für ihn bin. Ich dachte bis jetzt, daß ich nicht liebenswert bin, daß Andere besser und attraktiver sind als ich. Ich wollte nicht mein Frausein erleben.

Er weiß einfach was mir gut tut. Er verläuft sich nicht in Alltäglichkeiten, er vergeudet sich nicht und weckt einfach meinen weiblichen Dornröschenschlaf. Endlich passiert auch in meinem Leben was dramatisch Theatralisches. So viel Aufregendes kann ich nicht für mich behalten und erzähle es immer wieder meinen Freunden, damit ich mein Glück auch glaube.

Eines Tages hält auch er sein großes Glück nicht mehr aus und sagt: „Das ist nicht realistisch, daß mit uns ist immer wie "Urlaub haben" und das ist ihm z u viel." Er dachte, daß er meinen Ansprüchen nicht genügt. Er hält sich für einen Chaoten und für mich ist er die Erfüllung meines Traums.

Auf diesen Mann hatte ich mein Leben lang gewartet. Dann sagt er mir, daß er mich nicht für immer lieben könne, obwohl er gerne bleiben möchte und geht.

Später schreibe ich ihm einen Brief, wie ich uns sehe und daraufhin kommt er mich besuchen. Unsere Beziehung plätschert weiter und ich warte immer länger auf seine Aktionen. Ich fordere vorsichtshalber nichts, damit ich ihm nicht auf den Geist gehe. Wenn er mich angerufen hat, rufe ich ihn auch an. Ich habe Angst, daß ich abgelehnt werde.

Mein Gefühl weiß genau, daß wir beide das gleiche füreinander empfinden. Vielleicht stimmt mein Gefühl ja doch nicht und bin vor Angst gelähmt. Die Angst, daß ich ihn verlieren könnte erzeugt ein tiefes Entsetzen und Grauen in mir.

Ich kann mich doch nicht so getäuscht haben!

Dieses Chaos macht mich fertig. Er meldet sich sporadisch bei mir und dann weiß ich ganz sicher, daß ich mich doch nicht getäuscht habe. Trotzdem lasse ich mich immer wieder von ihm irritieren, weil ich ihn wichtiger sehe als mich.

Später erkenne ich, daß ich im Rausch meiner Gefühle alles für ihn getan hätte, ihm alles gegeben hätte - sogar mein Leben!
Ich habe mein Leben von ihm abhängig gemacht.
Habe mich gemartert, gefoltert und meinen Mund gehalten. Diese Quälerei macht mich krank.

Ich erinnere mich an die Re-Light Philosophie, wie Frau Dorandt mir vor zwei Jahren zeigt, daß ich es in der Hand habe, wie ich mein Leben gestalte. Ich bin der Autor meines Lebens-Drehbuches.

Daß es keine Schuld gibt und wenn ich nichts fordere, mir nichts wert bin, ich auch nichts bekomme.

Daß ich dazu in der Lage bin, erschreckt mich. Es rüttelt mich wach! Ich fühle und weiß, daß es wahr ist. Ich habe die Macht über das, was in meinem Leben passiert.

Jetzt habe ich zwei Möglichkeiten:

Entweder die Macht der Krankheit Wirklichkeit werden lassen, oder meine Wertigkeit und Daseinsberechtigung ohne Krankheit anerkennen.

Obwohl ich dieses Wechselspiel ganz genau erkenne, zweifel ich immer noch, ob ich ein schönes Leben ohne Krankheit, Leid und Kummer überhaupt verdient habe. Mir ist als Kind schon klar gemacht worden, daß ich mir meinen Platz im Leben hart erarbeiten muß. Ich bin erzogen worden, daß ich immer nur geduldet bin. Dann habe ich mich immer mehr angestrengt, und jetzt soll ich mir einfach meinen Platz wert sein und nehmen?

Darf es mir denn einfach wirklich gut gehen?

Einfach so ...?

Mit meinem Handwerk erlebe ich, daß ich so, wie ich mich erschaffen habe, richtig für mich bin. Ich trage meine Antwort für mich selbst und damit brauche ich es keinem mehr recht machen. Ich bin froh und dankbar, daß ich mich gefunden habe.

Mein Leben hängt nicht länger von der Anerkennung des Partners oder von einer höheren Macht ab. Ich traue mich, mir meine Dinge nehmen, mein Leben fordern und nutze meine Möglichkeiten, die sich mir täglich bieten.

Früher habe ich meine Möglichkeiten gesehen und mich nicht getraut. Heute nutze ich alltägliche Herausforderungen, erkenne mich darin und gestalte mein Leben für mich sinnvoll.

Das ist wahr lichter SELBST WERT!

Das Thema LIEBE ist so alt wie die Welt.

Egal welche Geschichte sie emotionalisiert hat!

Wir leben alle erdachte LIEBE!

Wir haben uns im Laufe der evolutionären Entwicklung so verloren, daß heute keiner mehr weiß, was LIEBE ist.

Wirklichte LIEBE ist tragend und erfüllend!
In der 180 Grad Verdrehung erleben wir Schmerz, Leid, Angst, Eifersucht, Mißstände u.v.m.

Liebe im Re-Light Sinne ist für jeden aufbauend, da es keine Bewertung, Abrechnung und kein Haben wollen gibt.

Wirklichte Liebe ist einfach ...

die emotionale Bindung wird erkannt und geklärt.

LIEBE IST... sich SELBST bewußt erleben!

Die meisten Paare verwechseln

25 Jahre Liebe

25 Jahre Lüge

Zitat eines Paares, wo die Frau nach der Silberhochzeit stirbt und ihr Mann in psychischer Behandlung ist!

Menschenrechte der Kid`s

*Erziehung ist der größte Trugschluß aller Zeiten.
Der größte Kriegsschauplatz ist die Familie.
Heute habe ich einen Kinderkurs gehalten und mir von den
Kids erzählen lassen, daß ihnen die doofe Erziehung auf die
Nerven geht!*

Erwach-s-ene gängeln Kinder!

Erwach-s-ene machen sie klein, egal wie alt.!

Erwach-s-ene nehmen ihnen die Menschenwürde!.

Sie werden in Zentimetern oder Alter gehandelt.

Eltern schmücken sich mit den Kindern als Lorbeeren.

Eltern reden sich ein, daß sie ihre Gene hätten.

Eltern erziehen mit der eigenen Unfähigkeit.

*Eltern ziehen an den Kinder und Kinder ziehen an den Eltern.
Die Eltern müßten sich da raus ziehen und tun es nicht. Es
muß mehr emotionale Freiheit in die Ver-Bindung kommen.
Das ist nur möglich, wenn jeder in seiner Wahrnehmung bleibt
und nicht bei dem Anderen herumzerrt. Es soll eine ENT-
Bindung geschehen und nicht tausend neue VER-Bindungen!*

Das ist die größte Biofalle!

*Erwach-s-ene -nichtgewachsene- glauben, daß Kinder erst
vollkommen sind, wenn sie die erzieherische Entwicklung hinter sich haben.
Erst dann sind es gesellschaftlich MENSCHEN!*

*Diese emotionalen Machtspiele sind absolut unmenschlich,
machen hilflos, handlungsunfähig und schreien nach Klärung.*

Wir leben in Partnerschaft -egal welcher Art oder Projektion sie ausgelebt wird!

D.h. wir geben die Wahrnehmung unbewußt in die Polarfläche des Anderen. Wir erwarten, daß wir geliebt werden, daß der Andere Rücksicht nimmt, daß der Andere auf mich eingeht, daß der Andere mich versteht, daß der Andere mir treu ist und ... und ... und ...

Das Spiel hält so lange, bis es ausgereizt ist und keiner erkennt, daß nur erdachte Anerkennung angekommen ist.

Dann geht das Theater los und jeder nörgelt am Anderen herum, was er falsch macht.
Jeder verdrängt so gut er kann ...

An diesen Geschichten sehen Sie, daß wir uns bereits in der Phase des Verliebtsein abgeben und dann je nach vorhandener Projektionsfläche das Drama, der Krimi, das Lustspiel oder die verdrängten Eigenschaften leben.

Deshalb bedienen wir im Laufe der Jahre nur noch die Projektionsflächen und alle gehen letzlicht leer aus!

Es gibt keine Schule der Welt, wo Liebe gelehrt wird.

Liebe ist eine Wahrnehmungs-Art und kennt keine Berechnung!

Re-Light macht Ihnen die körperlichte Sinnlichtkeit bewußt, sodaß der Kern der Wahrnehmung gelebt wird.

*Sieh Dir den Kern Deines Partners an
und Du siehst Deine Art!
Dieses Erleben, ohne wenn und aber, erfüllt !*

Verführung aus dem Paradies

Jetzt lassen Sie das Buch wirken und schauen Ihre eigene Emotion an.

Lesen Sie die Geschichte, die Sie emotionalisiert hat, noch einmal langsam.

Jetzt erinnern Sie sich an Ihre eigene Datenbank.

Sprechen Sie laut, was sie bewegt und dann gehen Sie in die Wahrnehmung Ihres Körpers.

Jetzt erleben Sie, daß diese Geschichte n u r die Projektion Ihrer eigenen Abspeicherung ist.

*Jeder versteckt seine Lebens-Lügen so gut er kann ...
und denkt, daß er g a r keine hat!*

Wenn der Partner die Lüge dann erkennt, müssen Sie noch tiefer im Unterbewußtsein verdrängen oder rühren in der Rache herum.

Wie gesagt. Bis das der Tod Euch scheidet!

Re-Light Tip: Nutzen Sie die Verführung in das Paradies!

Re-Light Buchbewegung

lebendige Bücher
in ursprünglicher Schwingungsfrequenz

Basis FACH Buch mit CD
leben im leben
ISBN 3-00-003440-4

leben & lieben
ISBN 3-00-006727-2

leben ... Vulkan der Gefühle
ISBN 3-00-006530-x

und andere zeitgemäße Bücher

Cornelia van Laar
Krise und Krebs als Chance fürs Leben
ISBN 3-8280-0997-2

Musiktip:
CD Breathing colours von Marika Falk